¡Tengo miedo!

Francisco Xavier Méndez Carrillo

¡Tengo miedo!

Guía práctica para superar los miedos infantiles

EDICIONES PIRÁMIDE

COLECCIÓN «GUÍAS PARA PADRES Y MADRES»

Director:

Francisco Xavier Méndez
Catedrático de Tratamiento Psicológico Infantil
de la Universidad de Murcia

Ilustraciones de cubierta e interiores: Nerina Vallejo

Ediciones Pirámide se compromete con el medio ambiente reduciendo la huella de carbono de sus libros.

PAPEL DE FIBRA
CERTIFICADA

© Francisco Xavier Méndez Carrillo
© Ediciones Pirámide (Grupo Anaya, S. A.), 2025
Valentín Beato, 21. 28037 Madrid
Teléfono: 91 393 89 89
www.edicionespiramide.es
Depósito legal: M. 5.793-2025
ISBN: 978-84-368-5071-0
Printed in Spain

Índice

Índice

Presentación

Los sistemas de alarma avisan de peligros inmediatos. El radar descubre la posición de aviones enemigos, el sonar detecta la presencia de minas submarinas. **El miedo es un sistema de alarma psicológica que alerta ante amenazas al bienestar biológico, psicológico y social de la persona.** El miedo a las alturas motiva que el excursionista se acerque con precaución al acantilado previniendo trágicos accidentes. El miedo a suspender impulsa al estudiante a repasar la materia de examen evitando el fracaso escolar. El miedo al ridículo impele al conferenciante a preparar concienzudamente su charla eludiendo así los abucheos del auditorio.

Si el sistema no reacciona y no dispara la alarma en situaciones perjudiciales, **se produce un fallo.** Por el contrario, **si responde excesivamente** y se activa sin justificación, **desencadena una falsa alarma.** Para que el sistema funcione correctamente **debe activarse si y solo si existen peligros o amenazas reales;** así, un sistema antincendios falla si no se pone en marcha cuando los sensores identifican una subida brusca de temperatura en un intervalo temporal breve o una concentración de humo en el ambiente anormalmente elevada. Pero el sistema también comete un error si suena la sirena y libera agua a presión sin registrar ningún indicador de fuego.

Aprendemos...

El miedo como sistema de alarma psicológica

Miedo infantll			
		Sí	No
Peligro real	Sí	Niño prudente	Niño temerario
	No	Niño temeroso	Niño valiente

Con respecto al funcionamiento de los miedos infantiles, como alarma psicológica existen cuatro posibilidades:

a) Presencia de miedos saludables: el niño prudente

El miedo es muy útil porque actúa como el ángel de la guarda que protege al niño de potenciales peligros. El niño prudente vence su curiosidad, y sus ganas de vivir nuevas experiencias para evitar correr riesgos absurdos. Aunque le apetece ver los leones mejor y más cerca, obedece las instrucciones de seguridad y se abstiene de bajar el cristal de la ventanilla o de descender del coche en el safari.

b) Ausencia de miedos saludables: el niño temerario

En algunos casos falla el sistema de alarma y la falta de miedo deja al niño indefenso colocándole en situaciones peligrosas. El niño temerario no se asusta y hace caso omiso del cartel que prohíbe traspasar la valla de seguridad que separa los visitantes de la jaula de los leones en el zoo. Se arriesga a que un zarpazo imprevisto de la fiera le cause una herida grave.

c) Presencia de miedos innecesarios: el niño temeroso

En otros casos el sistema emite falsas alarmas y el miedo inflige sufrimiento al niño y es fuente de dificultades para los padres. El niño temeroso tiembla al recordar seres malvados como Drácula o se asusta en situaciones inocuas como la oscuridad. Los padres tienen que soportar que les llame llorando a las tres de la madrugada y que se vaya a dormir a su cama.

d) Ausencia de miedos innecesarios: el niño valiente

El miedo pierde sentido cuando no cumple la función de guardaespaldas, convirtiéndose en malestar estéril para el niño y su familia. El niño valiente se atreve a realizar acciones inofensivas como atravesar el pasillo a oscuras para ir al aseo, o a dormir plácidamente en su habitación por las noches con la luz apagada y sin la compañía sobreprotectora de los padres.

En este terreno lo más recomendable es una sabia combinación de prudencia y valentía. Hay que ser osados y no temer la oscuridad porque no entraña ningún peligro. Pero también conviene ser prudentes y moverse a oscuras con cuidado para evitar tropezar y golpearse.

Puesto que el miedo cumple la función de salvavidas, por ejemplo el miedo a bañarse en aguas profundas si no se sabe nadar, es lógico que esté muy extendido entre los niños. El problema no son los miedos saludables. Esa clase de miedo la comparten los adultos; por ejemplo, el miedo del novato invita a la conducción prudente. Esta guía proporciona los conocimientos que la psicología como ciencia ha acumulado sobre la forma más satisfactoria de superar los miedos innecesarios y estériles. Los padres encontrarán consejos y sugerencias prácticas para ayudar a sus hijos a vencer miedos cotidianos.

Finalmente dos consideraciones importantes. En primer lugar, **nunca se ha de forzar al niño** y, en segundo lugar, **se ha de recurrir a un profesional si el miedo es intenso, persistente y repercute negativamente en el niño y su familia.**

1

¿En qué consisten los miedos infantiles?

Qué hacer

- ☑ Valora el miedo como algo saludable, protege a tu hijo de correr riesgos.

- ☑ Ten en mente que más vale ser prudente que pasarse de valiente.

- ☑ Enséñale a ser cauto en situaciones de riesgo.

- ☑ Busca ayuda profesional si el miedo está perjudicando a tu hijo.

Qué no hacer

- ☒ No te alarmes si tu hijo tiene miedo, los niños se asustan del peligro.

- ☒ No le sobreprotejas.

- ☒ No le metas miedo en el cuerpo para que te haga caso o se porte bien.

- ☒ No intentes solucionar el problema tú solo, si el miedo de tu hijo es exagerado.

Los miedos infantiles

¿Qué es el miedo? ¿Cuál es la diferencia entre miedo y fobia? ¿Y entre miedo y ansiedad? ¿Es mejor ser prudente que pasarse de valiente? ¿Sirve para algo tener miedo? ¿Es bueno o malo tener miedo?

El niño experimenta miedos muy variados a lo largo de su desarrollo. **La mayoría de estos miedos son pasajeros, de poca intensidad y propios de una edad determinada.** El miedo a los extraños aparece a los meses de nacer, revelando que el bebé ya es capaz de identificar rostros conocidos. Estos miedos son saludables porque brindan la oportunidad de aprender a afrontar situaciones difíciles y estresantes, con las que, ineludiblemente, se topará el niño en su vida.

Una pequeña proporción de miedos infantiles son persistentes, continuando incluso en la adultez, y de intensidad elevada. Estos temores se convierten en un problema, porque alteran el funcionamiento diario del niño y de su familia, como el escolar que no acude al colegio a causa del malestar que siente.

Es saludable sentir miedo

Llorar de tristeza, reír de alegría, enrojecer de rabia, palidecer de miedo, son respuestas emocionales normales. Sensaciones y emociones cumplen su función.

El dolor avisa de que se está produciendo un daño biológico para que se adopten las medidas oportunas. El dolor de estómago aconseja no comer alimentos pesados de digerir, el dolor de muelas empuja a visitar al dentista, el dolor de oído conduce al botiquín a buscar un calmante. Si no existiera dolor, la gente sufriría más lesiones y enfermedades, porque se descuidaría y no tomaría precauciones. Un adolescente sin dolor que se apoyara distraídamente sobre el radiador no notaría que está encendido. Cuando al cabo de un rato retirara su brazo, descubriría la quemadura de tercer grado que ha sufrido sin darse cuenta.

De forma similar, el miedo es una alarma psicológica. Las situaciones que comprometen la integridad del organismo o el bienestar de la persona producen temor. La radio avisa de que se ha escapado un león del circo en gira por la ciudad. El miedo impide a los habitantes salir a la calle. Un orador ensaya concienzudamente su conferencia por miedo al ridículo.

El miedo a separarse de los padres mantiene al pequeño a una distancia que le permite verlos, de forma que sus ganas de jugar y su curiosidad no le alejen demasiado y le expongan a perderse o ser atropellado. El miedo a los desconocidos explica que el niño no se marche alegremente con el primer viandante que se cruce.

El ángel de la guarda

El miedo es útil porque evita correr riesgos innecesarios. Los padres enseñan a apartarse de los objetos peligrosos. El bebé, gateando, se dirige velozmente hacia el enchufe. Justo cuando está a punto de introducir un alambre, el padre lo ve, salta del sillón, grita «¡NO!» y le propina un azote en el pañal. Rompe en llanto. A partir del incidente, el pequeño rodea los enchufes y farfulla «caca». Angelín de la mano de su madre. Un balón de reglamento sobrepasa la verja del parque y bota en la calzada. Se lanza a atraparlo. Frenazo agudo y prolongado. Milagrosamente, el parachoques del coche queda a un palmo de la cabeza de Angelín, que se gana un pescozón y un amenazador «como vuelvas a soltarte y bajar de la acera, te acuerdas de mí».

La ausencia de temor desemboca en temeridad. Juan, sin miedo, está constantemente expuesto. Los trenes no le asustan, por lo que cruza la vía sin mirar con la barrera bajada. Los matones no le imponen, de modo que les desafía sin pestañear en el recreo. Los pitbull no le atemorizan y hace caso omiso del cartel «¡Ojo con el perro!». Un niño sin miedo es un peligro. Los miedos actúan como sistema de seguridad. Constituyen la motivación que impulsa a evitar el peligro.

Un arma eficaz

Las situaciones temidas tienden a evitarse. El ejecutivo con fobia al avión viaja en coche o en tren y solo en última instancia recurre al puente aéreo. El ciudadano con claustrofobia sube todos los días diez pisos para llegar al ático donde su cónyuge se ha empeñado en vivir. El estudiante pospone presentarse al examen de la «materia hueso» hasta después de aprobar el resto de asignaturas de la carrera. El paciente posterga la visita al médico por temor a que le diga que su enfermedad es algo malo o que necesita pasar por el quirófano. El conductor levanta el pie del acelerador al leer «velocidad controlada por radar» para no ser sancionado. La persona es capaz de decir o hacer cosas contrarias a sus convicciones para no ser criticada por las demás. Si no existe un motivo poderoso, la gente está dispuesta a realizar esfuerzos onerosos, sobrellevar privaciones, asumir cargas innecesarias y renunciar a muchas cosas con tal de no sufrir el miedo.

Leemos...

¡A que llamo a Carlos Ayala!

Trinidad es una hermosa ciudad colonial de Cuba. Se alza en un fértil valle entre la sierra del Escambray, refugio de bandoleros, y el mar del Caribe, nido de piratas. Don Diego de Velázquez, gobernador de la isla, la fundó en 1514, y Fray Bartolomé de las Casas, evangelizador de las Indias, celebró la primera misa a la sombra de un enorme jigüe. Entre sus atractivos naturales se encuentra una gruta subterránea de estalactitas y estalagmitas. Durante la visita, el guía cuenta a los turistas una antigua historia.

Un descendiente de esclavos africanos, Carlos Ayala, practicaba el animismo. Secuestraba y encerraba a niños en este lugar para sacrificarlos en las noches de plenilunio, ofreciendo a los espíritus la sangre y las vísceras siguiendo un ritual atávico de la secta de los ñáñigos. Un día engatusó a una pequeña sin percatarse del perro que la acompañaba. Pasaron las horas. Los padres advirtieron la desaparición de su hija, y el animal les guio hasta la entrada de la cueva, a la que se había abstenido de entrar por miedo. La criatura fue rescatada y salvó la vida. Condenado a muerte el malhechor, fue aprisionado en un tonel con pinchos de hierro y arrastrado por toda la villa mediante un quitrín tirado por bueyes, para escarnio público.

Concluye apostillando: «Por eso, cuando un niño se porta mal, en Cuba le amenazamos ¡a que llamo a Carlos Ayala!».

La verdadera historia de este mulato libre difiere de la leyenda, pero ilustra cómo se mete miedo en el cuerpo indebidamente. Existen versiones españolas de Carlos Ayala. En casa no quiere lentejas y la madre apremia «come, come, que viene el hombre del saco». En la calle desobedece y el padre advierte: «¿¡llamo a la policía?».

Algunas veces, los padres juegan deliberadamente la baza de asustar para conseguir que el hijo haga caso o deje de portarse mal. Sin embargo, el recurso al miedo para controlar el comportamiento infantil es una práctica educativa inadecuada. Aunque se emplea por su eficacia, suele originar problemas más serios que los que pretende resolver. En otras ocasiones se provoca miedo inadvertidamente. Así, el niño con otitis se niega a tomar el antibiótico prescrito por el pediatra. Los padres, preocupados por si la infección afecta a las meninges, amenazan: «si no te tragas la pastilla, te llevaremos al hospital para que te pinchen». Más tarde, para deshacer el entuerto, han de desdecirse: «pero si los ogros no existen», «las brujas viven en Galicia», «las inyecciones no duelen», «en el hospital tratan muy bien».

Aplicación de las tecnologías de la comunicación para asustar a los niños

FUENTE: cortesía del dibujante Xim y del periódico *La Verdad*.

Leemos...

¿Quién es tu mejor amigo?

Doña Constanza y don Armando conocen por la revista *Psicología Today*, que compran mensualmente, la conveniencia de preparar psicológicamente a los niños para hacer frente a situaciones estresantes. Aunque el artículo plantea el tema en términos generales sin entrar en detalles concretos ni proponer pautas de actuación, no se desaniman y deciden ponerse manos a la obra con su hijo Enrique, de seis años, que tiene caries producida por el consumo excesivo de golosinas y bollería industrial.

—Cariño, entra al despacho. Tu madre y yo queremos hablarte de algo muy importante —impacientes, continúan sin esperar a que Enrique se habitúe a la situación intimidante.

—La semana que viene te vamos a llevar al dentista por primera vez en tu vida —pausa estudiada para comprobar el efecto benefactor de la preparación psicológica. Sin embargo, el rostro de Enrique revela tensión, por lo que introducen una frase tranquilizadora—. Ya sabes que el dentista es tu mejor amigo —sonríen y cruzan miradas de inteligencia.

—¿No era el perro? —pregunta inocente Enrique, que no entiende el alcance de las palabras de sus progenitores.

—Eso es de animal, yo digo de personas —responde el padre con tono desabrido y cortante, nervioso porque la preparación no se desenvuelve según el plan previsto.

— Ya verás como no te va a doler —interviene la madre con paciencia.

—¿Doler? ¿Qué es lo que me va a doler? —grita asustado Enrique.

—Escucha bien —ordena el padre levantando la voz e intentando que el asunto no se le escape definitivamente de las manos—. Ya te hemos dicho que no te va a hacer daño.

—¿Daño? ¿Es que me va a hacer daño? Yo no quiero que me haga daño. Yo no quiero ir al dentista —solloza Enrique.

—¿Es que no lo entiendes? ¿Cuántas veces tenemos que repetirte que no te va a hacer DA-ÑO, DA-ÑO, DAÑO? —machaca el padre al borde de un ataque de nervios.

—Déjalo, Armando. Mañana se lo volveremos a explicar —tercia la madre poniendo final por hoy a la preparación psicológica y amenazando con otra nueva sesión para el día siguiente.

Falsas alarmas

<u>Un miedo infantil pierde su utilidad y se denomina fobia cuando es:</u>

a) **<u>Desproporcionado.</u>** El objeto temido es inocuo y no entraña objetivamente ninguna amenaza. Es absurdo asustarse ante cosas inofensivas como la oscuridad o los ratones. Otras situaciones pueden acarrear cierto grado de malestar y es razonable experimentar un ligero desasosiego, pero la reacción es excesiva, como el estudiante brillante que se bloquea en los exámenes o el enfermo que se aterroriza al preparar el practicante la inyección.

b) **<u>Desadaptado.</u>** La elevada intensidad de la respuesta produce notable malestar, serias preocupaciones y síntomas desagradables (náuseas, diarrea, mareos, desmayos, dolores de cabeza, etc.), altera el estilo de vida cotidiano del niño y repercute negativamente en el desarrollo personal, el ambiente familiar, el rendimiento académico o las relaciones sociales.

Cuando el miedo se dispara sin motivo, es una falsa alarma. **<u>La clave para distinguir el miedo de la fobia es que el comportamiento resulte apropiado o no a las demandas de la situación.</u>** Es razonable que un conductor novato sienta intranquilidad en los primeros recorridos. El conductor inexperto supera su temor practicando, no visitando al psicólogo. A medida que conduce más y más kilómetros se siente cómodo y disfruta de la conducción. Sin embargo, un viajante con más de trescientos mil kilómetros de carretera a sus espaldas, que trabaja a golpe de taxi desde que sufrió un accidente de tráfico, es un problema completamente distinto. En este caso, el miedo es desproporcionado, porque posee habilidades suficientes para conducir sin riesgo, y desadaptado, porque se plantea dejar la representación ante el elevado coste de los desplazamientos.

Del mismo modo, un excursionista solitario se asusta ante el avance de un incendio forestal y se aleja del paraje. Un niño huye despavorido cada vez que enciende una cerilla o un mechero. La conducta del montañero es adecuada, porque un adolescente solo y sin experiencia no puede luchar contra las llamas; por tanto, es sensato huir para no quedar atrapado en el monte. Es un ejemplo de *miedo* al fuego. En cambio, es irracional el pavor del crío, puesto que la diminuta llama arde sin peligro. Es un caso de *fobia* al fuego.

Miedos no tan normales

En culturas muy diferentes de la occidental, como la de los indios americanos o la ugandesa, se constata que ciertos miedos infantiles evolucionan con idéntico patrón temporal. El miedo a los extraños aparece alrededor del medio año, alcanza su culmen poco antes del año y declina en torno al año y medio. La reacción de temor de una pequeña de diez meses ante un desconocido es normal, pero a los diez años se considera anormal. El miedo patológico se denomina fobia.

Un adulto que se atemoriza a oscuras presenta una fobia a la oscuridad, independientemente de su edad. Sin embargo, ¿es miedo o fobia el temor de un niño de cuatro años que sufre pesadillas y se despierta asustado en la oscuridad de la noche?

En la infancia, la distinción entre miedo y fobia es compleja. Muchos temores infantiles desaparecen por sí solos, sin tratarse, con el transcurrir del tiempo, que permite al niño madurar y aprender a superarlos. Para distinguir las fobias de los miedos transitorios se señala que las reacciones del crío perduren seis meses como mínimo. A diferencia de los adultos, para calificar un miedo infantil de fóbico hay que tener en cuenta la edad del niño y el tiempo de persistencia de su temor.

Probablemente porque la delimitación conceptual no está tan clara en la infancia, en la bibliografía científica se usan indistintamente ambos términos. No obstante, es una cuestión relevante para la terapia, puesto que el miedo es una reacción sana —por ejemplo, temer a los leones no se debe tratar—, mientras que la fobia es una reacción patológica que precisa tratamiento —por ejemplo, malvender la casa del campo por temor a los ratones—. **Cuando la reacción del niño constituye una fuente importante de sufrimiento para él y los que le rodean, y tiene consecuencias perjudiciales para el desarrollo infantil, se recomienda iniciar la terapia,** por encima de otras consideraciones, como si aún no hubiera transcurrido medio año desde su aparición o si ese miedo fuera muy común a la edad del niño.

Nomenclátor de fobias

El nombre técnico de una fobia se forma con el término latino o el griego del objeto temido y el sufijo griego —fobia, que significa temor—. La fobia a lugares cerrados se designa *claustrofobia,* del latín «claustrum», encierro, y la fobia a las alturas, *acrofobia,* del griego «akra», punta, cima. Posee la misma raíz que acrópolis, o sitio más alto y fortificado de las ciudades griegas. Sin embargo, en otros casos la tendencia es utilizar la traducción castellana en lugar de la palabra clásica. Es más común decir fobia a la oscuridad que *nictofobia.*

Aprendemos...

Nombres de fobias frecuentes

Denominación etimológica	Situación fóbica
Acrofobia	Alturas
Aquafobia, potofobia	Agua
Aracnofobia	Arañas
Aviofobia	Aviones
Cinofobia	Perros
Claustrofobia	Lugares cerrados
Fotofobia	Luz
Hematofobia	Sangre
Hipofobia	Caballos
Insectofobia	Insectos
Nictofobia	Oscuridad
Nosofobia	Enfermedad
Odontofobia	Intervenciones dentales
Ofiofobia	Serpientes
Ornitofobia	Pájaros
Pirofobia	Fuego
Tanatofobia	Muerte
Zoofobia	Animales

Miedos y ansiedad

El análisis del miedo revela dos aspectos: la situación temida y la respuesta infantil. El miedo posee un complemento, siempre va acompañado de una aposición «miedo a _____». Las reacciones de miedo y ansiedad del niño son parecidas. La mayor diferencia radica en la situación determinante.

Se experimenta miedo al anticipar o hallarse en presencia del objeto temido, relámpagos o pájaros. Cualquier observador, incluido el propio niño, reconoce sin dificultad la cosa, el animal o la persona específica que provocan miedo. Y viceversa, el crío se calma si el objeto atemorizador desaparece.

En la ansiedad, la preocupación y el nerviosismo suceden de modo más continuado, puesto que existe una amplia gama de acontecimientos o actividades que producen malestar, como la angustia constante por la perfección de la conducta, «¿lo he hecho bien?», «¿he acertado?», «¿he metido la pata?». Resulta complejo identificar las situaciones que originan intranquilidad, que son cuantiosas y variadas. El niño manifiesta que está inquieto, pero desconoce por qué.

El triángulo del miedo

En el organismo humano existen diversos sistemas y aparatos, compuestos de órganos semejantes, que cumplen funciones corporales, nutrición, excreción, reproducción, etc. El aparato digestivo comprende órganos, como el estómago o el hígado, que intervienen activamente en la digestión. El sistema endocrino, constituido por un conjunto de glándulas como el tiroides o las suprarrenales, es responsable de la producción hormonal.

A nivel psicológico, se distinguen tres sistemas de respuesta que constituyen el triángulo del miedo: *cognitivo*, pensamientos e imágenes negativas sobre la situación temida; *psicofisiológico*, cambios corporales que originan sensaciones molestas, y *motor,* acciones en la situación temida o para impedir su ocurrencia.

Un niño asustado le explica a su mamá que ha visto un perrazo de aspecto fiero dispuesto a atacarle. Alza la mano sobre su cabeza para describir el tamaño descomunal de la bestia. La madre, incrédula, abre la puerta y tropieza con un carrocho de pastor alemán moviendo juguetonamente el rabo en señal de alegría. La percepción exagerada y la interpretación errónea de las intenciones del animal son *respuestas cognitivas* de miedo.

Un adolescente con hematofobia necesita hacerse un análisis de sangre. Entra a la sala del laboratorio. El olor a medicinas le revuelve el estómago. Se estremece al ver las agujas hipodérmicas. La enfermera le pide que se arremangue el brazo izquierdo. Nota un sudor frío recorriéndole la espalda. Le aprieta la goma elástica. Siente el bombeo de su corazón a toda velocidad. Se aproxima la enfermera para efectuar la extracción y, al advertir la palidez en el rostro, le ordena mirar para otro lado. Se le nubla la vista. Se marea. Siente vértigo. «Cierra con fuerza el puño» son las últimas palabras de las que es consciente. El desmayo y los restantes síntomas corporales son *respuestas psicofisiológicas* de miedo.

Una pequeña con miedo a los ruidos fuertes retrocede tapándose los oídos al observar que su papá está a punto de descorchar una botella de cava. Suplica gritando «no la abras, no la abras». El padre se acerca para tranquilizarla, pero consigue el resultado opuesto. La cría, espantada, sale corriendo. Su papá, con la botella en la mano, insiste en calmarla. La pequeña le lanza juguetes para mantenerlo a raya. Finalmente, mamá la abraza y ella, temblando, se aferra como una lapa. La rabieta y el comportamiento disruptivo son *respuestas motoras* de miedo.

Frecuencia de los miedos infantiles

Los miedos son muy frecuentes en la infancia. Una encuesta realizada a una muestra representativa integrada por unas quinientas madres de niños de primaria reveló que casi la mitad de los escolares tenían siete o más miedos. Varios estudios epidemiológicos llevados a cabo en diferentes continentes muestran que acontecimientos como los accidentes de coche o los terremotos son muy temidos por la mitad de los niños encuestados. En nuestro país, diversos estudios coinciden en señalar el intenso miedo a la muerte de muchos escolares.

Porcentajes tan elevados son esperables, ya que los miedos a amenazas físicas y sociales son parte integrante del desarrollo infantil. Cuando se solicita a niños que dibujen los acontecimientos más importantes de sus vidas, una importante proporción se refiere a experiencias atemorizantes.

Afortunadamente, los miedos desproporcionados y desadaptados son mucho menos habituales. Las fobias infantiles no sobrepasan el 8 %. Las cifras obtenidas varían en función de múltiples factores, como las diferencias de edad de los niños incluidos en los estudios. Los valores que más se repiten son 4 % y 5 %, elevándose al 6 % y 7 % si en lugar de considerar la población infantil general se analizan niños remitidos a tratamiento psicológico o médico por algún problema.

Las fobias a fenómenos naturales, como las tormentas o el agua, y a animales, como arañas, ratones, serpientes, perros y gatos, son muy comunes en la infancia. Otras fobias típicas de la infancia son los ruidos fuertes, la oscuridad, las personas disfrazadas o desconocidas y las relacionadas con la enfermedad, sangre, heridas, daño físico, inyecciones. En la preadolescencia aparecen casos de claustrofobia y fobias a vehículos y transportes públicos.

¿Son más miedosas las niñas?

Las niñas puntúan más alto que los niños en los test de miedos. Este hallazgo es universal en nuestro entorno cultural. El dato se repite tanto por comunidades autónomas (Andalucía, Canarias, Comunidad Valenciana, Región de Murcia, etc.), como por países desarrollados (Australia, Estados Unidos, Gran Bretaña, etc.).

Igualmente, en la vida adulta, las mujeres padecen más fobias específicas que los varones. Entre el 75 % y el 90 % de las fobias a animales (insectos, serpientes, etc.), a fenómenos naturales (tormentas, agua, etc.), a lugares pequeños y cerrados (ascensores, túneles, etc.), a medios de transporte (aviones, coches, etc.). Entre el 55 % y el 70 % de las fobias relativas a la enfermedad (sangre, inyecciones, etc.) y a las alturas.

El mayor grado de miedo femenino no implica que cualquier niña sea siempre más miedosa. Evidentemente, niños concretos tienen más miedo que muchas niñas. Significa que si se seleccionan al azar muestras de mil niños y de mil niñas, la media de estas es superior a la de aquellos. Sucede igual cuando se afirma que los varones son más altos que las mujeres. Se refiere a la talla media de unos y de otras (¿has pensado por qué las mujeres calzan zapatos de tacón?). Obviamente la pívot de la selección nacional es más alta que la mayoría de los hombres, los cuales no son jugadores profesionales de baloncesto.

Existen dos explicaciones de este hecho:

a) **Hipótesis biológica.** El género determina ciertas características físicas. En los mamíferos superiores, los machos son, por lo general, de mayor tamaño y peso que las hembras. Además, la testosterona, u hormona sexual producida por los testículos, de la que dependen los caracteres masculinos secundarios, como la configuración anatómica (mayor complexión, más masa muscular, etc.), se relaciona con el comportamiento agresivo. En los primates y en otras especies próximas a la humana, las conductas de disputa del territorio, de la pareja sexual o del alimento y de defensa de la manada suelen ser propias de los machos. Según esta teoría, el género masculino está mejor dotado para las conductas valerosas de lucha que para las miedosas de huida en comparación con el género femenino.

b) **Hipótesis sociocultural.** La educación y los estereotipos sociales —los chicos tienen que defender al sexo débil— influyen en el desarrollo del miedo. Durante la comida, la madre descubre una cucaracha en un rincón. Aterrorizada, grita a su marido: «Paco, mata a ese bicho asqueroso». Sus hijos, Quique, de seis años, y Kika, de cuatro, contemplan el semblante materno desencajado, se asustan y empiezan a llorar. Madre e hija se funden en un abrazo: «no llores, cariño, mamá está contigo». El padre, consumado el insecticidio, se acerca al hijo, simula pegarle un cachete y le espeta: «¿te parece bonito que un hombre hecho y derecho como tú llore? Vamos, salir corriendo como un gallina, ¡saca pecho!...».

El mayor miedo de las niñas se justifica por esta pauta cultural, que facilita además la libre expresión de los temores en consonancia con el rol femenino tradicional: necesidad de ser protegidas, mientras que los niños, de los que se espera un grado de valentía mayor, son renuentes a admitir sus miedos.

¿Disminuyen los miedos con la edad?

Los temores disminuyen con la edad. En los test de miedos, los adolescentes obtienen promedios menores que los críos pequeños. Otra diferencia debida a la edad es que en los primeros años son más frecuentes los miedos a animales, ruidos fuertes, oscuridad, seres imaginarios (brujas, monstruos, extraterrestres, fantasmas, zombis, etc.)..., mientras que en la adolescencia prevalecen los miedos a equivocarse o no tener razón, al fracaso escolar, a parecer ridículo, a ser observado por los demás. Es decir, con el paso de los años la naturaleza de los temores infantiles evoluciona de miedos físicos a miedos sociales.

Aprendemos...

Miedos comunes en la infancia

Edad	Miedos
0–2 años	Pérdida brusca de la base de sustentación, ruidos fuertes, extraños, separación de los padres, heridas, animales, oscuridad.
3–5 años	— Disminuyen: pérdida del soporte, extraños. — Se mantienen: ruidos fuertes, separación, animales, oscuridad. — Aumentan: daño físico, personas disfrazadas.
6–8 años	— Disminuyen: ruidos fuertes, personas disfrazadas. — Se mantienen: separación, animales, oscuridad, daño físico. — Aumentan: seres imaginarios (brujas, fantasmas, extraterrestres, zombis, etc.), tormentas, soledad, escuela.
9–12 años	— Disminuyen: separación, oscuridad, seres imaginarios, soledad. — Se mantienen: animales, daño físico, tormentas. — Aumentan: escuela (exámenes, suspensos), aspecto físico, relaciones sociales, muerte.
13–18 años	— Disminuyen: tormentas. — Se mantienen: animales, daño físico. — Aumentan: escuela, aspecto físico, relaciones sociales, muerte.

2
¿Por qué los niños tienen miedo?

Qué hacer

☑ Procura mantener la calma si tu hijo se asusta.

☑ Muéstrate sereno en situaciones de estrés.

☑ Supervisa el ocio de tu hijo: películas, videojuegos, lecturas, etc.

☑ Sé más comprensivo cuando tu hijo esté enfermo o con molestias físicas.

Qué no hacer

☒ No le compares con niños valientes.

☒ No le amenaces ni le intimides.

☒ No le ridiculices ni te burles porque tenga miedo, mucho menos en público.

☒ No le castigues, a menos que esté completamente justificado.

Predisposición al miedo

A los niños les asustan las mismas cosas: ruidos fuertes, desconocidos, separarse de los padres, animales, tormentas, oscuridad, personas disfrazadas, etc. Paradójicamente, no parecen temer acciones peligrosas que causan accidentes infantiles, como meter los dedos en un enchufe, beber productos tóxicos, acercarse a una sartén con aceite hirviendo o cruzar la calzada sin mirar.

Miedos antiguos y miedos modernos

Hace miles y miles de años numerosos peligros acechaban a nuestros antepasados. El hombre estaba expuesto a los ataques de los depredadores y a la furia desatada de los elementos de la naturaleza. Actualmente, los riesgos están más relacionados con el progreso.

Los miembros de tribus africanas que pueblan la sabana cantan para espantar su miedo y rezan a sus dioses para que les protejan cuando se desencadena una tormenta con gran aparato eléctrico. Las diferencias en fenomenología atmosférica, las sólidas construcciones y los pararrayos han neutralizado esta amenaza para el habitante de la ciudad.

Algunas situaciones provocan miedo persistente, porque la especie humana está especialmente preparada para temerlas. **En cierto sentido, la humanidad ha heredado de sus antepasados reacciones ancestrales de temor.** El miedo a los animales se explica porque en un pasado remoto fueron un peligro para la supervivencia humana, a pesar de que en el presente no suponen ninguna amenaza real para las sociedades urbanas.

Desde un punto de vista racional, es más lógico tener miedo a los aparatos eléctricos y a los coches que a serpientes y arañas inofensivas, puesto que el peligro potencial de los primeros es mayor. Sin embargo, debido a la evolución de la especie humana los miedos animales se cogen rápidamente y desaparecen difícilmente.

Los miedos infantiles no son arbitrarios, sino selectivos. Aunque un padre gaste una broma a su hijo y le asuste sin querer, el niño no coge miedo a su progenitor. Por el contrario, un ligero susto proporcionado por un desconocido es suficiente para que le tema y le rehúya sistemáticamente.

Los animales también se asustan

El miedo no es propiedad exclusiva del género humano. Algunos miedos humanos y animales son similares. Una mirada fija y penetrante se percibe como agresiva y asusta tanto a aves y cánidos como a humanos. La mariposa luna abre de golpe las alas, dejando al descubierto dibujos parecidos a ojos furibundos, para intimidar a los pájaros que se aproximan a atacarlas. Los criadores de perros de razas de presa recomiendan no mirar fijamente a los ojos para no intimidar al animal y provocar su ataque.

Un argumento a favor de la herencia biológica del miedo es que **el hombre comparte temores con los animales, sobre todo con las especies evolutivamente más próximas.** Los simios aúllan, se les eriza el pelaje y corren al ver bichos pequeños de aspecto peludo o animales que se arrastran. Los lobos agachan las orejas, esconden el rabo entre las piernas y desvían la mirada cuando tienen miedo de ser agredidos por un congénere. El hecho de que determinadas cosas asusten a humanos y animales no es de extrañar, puesto que la teoría evolucionista ha probado que las especies proceden unas de otras.

Los animales poseen miedos desde su nacimiento. Si a un mono criado en total aislamiento, es decir, sin haber visto nunca a otro mono, se le proyectan a los tres meses de vida diapositivas en las que aparecen monos en actividades típicas de la especie, como explorar, amenazar o jugar, el mono se acurruca o huye asustado únicamente al ver las imágenes de otros simios en actitud agresiva. Este hecho sugiere que el miedo a las manifestaciones de agresividad física es innato en los chimpancés, puesto que al criarse artificialmente en soledad y no en grupo, como en el ambiente natural, no han tenido oportunidad de observar a sus congéneres asustarse ante monos que se muestran agresivos.

¿Se hereda o se mama el miedo?

A veces, los padres llegamos a pensar que nuestro hijo ha heredado nuestros temores, porque «tiene los mismos miedos que yo», «a mí de pequeño me asustaban las mismas cosas». **Si se comparan padres con y sin fobia específica, el riesgo de que el hijo presente fobia específica es mayor en el primer caso.** Más aún, los hijos de padres con fobia animal tienen más probabilidades de presentar una fobia de este tipo, aunque no necesariamente al mismo animal. Ocurre igual con la claustrofobia, la fobia a viajar en avión o en otros medios de transporte. La fobia a la sangre y al daño físico es un trastorno marcadamente familiar, es decir, se da más entre padres y hermanos de niños con hematofobia.

Sin embargo, el mayor número de casos dentro de una misma familia no significa que las fobias se transmitan necesariamente por vía genética. De la misma manera que el riesgo de contraer la gripe o de fumar es superior cuando en casa se está rodeado de griposos o fumadores, **los miedos y las fobias son con frecuencia resultado de pautas educativas y de contagio emocional.** El miedo de un niño a los ascensores se explica porque ve a su madre subir al ático siempre por las escaleras, incluso los sábados con el carrito de la compra repleto, y le escucha decir «¿yo, en el ascensor?, ¡antes me moría!».

El miedo a lo desconocido

El miedo a los extraños se cita como prototipo de miedo innato, por varias razones:

a) Se constata en culturas y países muy dispares, España, Guatemala, Zambia, China o Estados Unidos.

b) Evoluciona de forma similar, aparece, se intensifica y se desvanece entre el primer y el segundo año de vida, alcanzando su máxima intensidad en la época en que el niño empieza a andar.

c) Los niños reaccionan de modo parecido ante desconocidos: interrupción de la sonrisa, desvío de la mirada, llanto...

Sin embargo, desde hace un siglo se sabe que la mitad de los niños reaccionan sin temor ante los extraños, ya que la respuesta de miedo depende de la situación y de la conducta de la persona desconocida.

 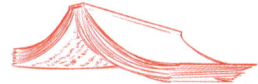

Leemos...

Un tío muy cariñoso

Los padres han quedado con un tío del niño, de paso por la ciudad, que desea ardientemente conocer a su nuevo sobrino. Se han citado el domingo al mediodía en una concurrida plaza. Se retrasan unos minutos y llegan paseando tranquilamente con el pequeño en el carrito de bebé. El familiar, emboscado entre la multitud, aguarda con impaciencia el momento de estrechar en sus brazos al benjamín. Escudriña sin cesar a los paseantes intentando localizar un trío conocido. Por fin los avista a lo lejos. Incapaz de contener sus ganas por más tiempo, inicia de inmediato una rápida carrera con los brazos abiertos de par en par intentando llamar la atención del niño con sus gracias. El crío repara en la silueta que se aproxima a toda velocidad. Asustado, mira alternativamente a sus progenitores y al extraño. Por fin los alcanza, se abalanza sobre el carrito y lo atrapa entre sus brazos. El nene rompe a llorar. Los padres, azorados, se excusan, «no lo tomes a mal, no es nada personal, le pasa con todos, es muy tímido».

Si se analiza el ímpetu del afectuoso tío, se aprecia que su comportamiento es lo más parecido al ataque de un felino. La fiera se esconde para evitar ser descubierta mientras otea el horizonte buscando una víctima propiciatoria. De improviso, se hace bien visible desplegando todo su cuerpo en actitud intimidante y, con la vista fija, inicia una súbita carrera hacia la presa. La reacción más probable en semejante situación es estremecerse de terror.

Para no asustar al bebé es preferible que el desconocido se acerque pausadamente, sonriendo. En lugar de abrazarlo enseguida, es mejor que salude a los padres primero. Después puede entregar un juguete, un peluche o una golosina al niño. Transcurridos varios minutos, el pequeño se habrá acostumbrado a la presencia del desconocido, que puede entonces iniciar el contacto físico. De este modo, el riesgo de causarle sobresalto es mínimo. En condiciones favorables, el pequeño no solo no manifiesta miedo ante un extraño, sino que incluso se acerca, curiosea las gafas, juega con él.

 Aprendemos...

Miedo del niño ante un desconocido

	Riesgo alto	Riesgo bajo
Situación	Extraña, por ejemplo en la consulta del médico.	Familiar, por ejemplo en casa.
Padres	Ausentes.	Presentes.
Aproximación: — ¿Quién la inicia? — ¿Cómo ocurre?	El desconocido. Rápidamente.	El niño. Lentamente.
Conducta del desconocido	Indiferencia.	Interés.
Contacto físico con el niño	Brusco e inmediato.	Progresivo y pausado.

Para explicar el miedo infantil a los desconocidos se aduce que el niño se asusta cuando se le presenta un objeto con características diferentes a las acostumbradas. Un dato que apoya esta explicación es que los hijos únicos se sobresaltan más ante rostros desconocidos que los de familias numerosas, habituados a ver más caras distintas.

Se han realizado experimentos que prueban que los monos reaccionan de manera semejante ante lo desconocido. Varios chimpancés fueron criados artificialmente, de forma que nunca vieron otro ejemplar de su misma especie. Cuando se les enseñó una cabeza de chimpancé fabricada en plástico, mostraron indiferencia o curiosidad. En comparación, los chimpancés que habían crecido normalmente en compañía de otros se aterraron al ver algo tan extraño: ¡una cabeza sin cuerpo! De la misma forma, a los niños les impresiona ver a una persona mutilada o tullida.

¿Niños con miedo o niños miedosos?

Hay niños medrosos, que se asustan de su sombra, y otros que son menos impresionables. Ante un susto de broma, un crío se ríe abiertamente, otro sonríe nervioso y un tercero estalla en llanto. <u>Uno de los componentes del reflejo de defensa, que se desencadena ante estímulos nocivos, es un notable incremento en la activación vegetativa,</u> que moviliza los recursos de los organismos para defenderse con la máxima eficacia ante una emergencia. El aumento de las contracciones cardíacas hace que salga mayor volumen de sangre del corazón, elevando la presión arterial y el pulso. El incremento de la respiración y la afluencia de sangre aportan más oxígeno a los músculos principales. Estos <u>cambios psicofisiológicos son útiles porque preparan a la persona a enfrentarse a un peligro.</u> Así, el mayor tono muscular permite correr más velozmente en una inundación o en cualquier catástrofe.

Por el contrario, <u>estímulos novedosos evocan el reflejo de orientación, que consiste en focalizar los órganos de los sentidos hacia la</u>

<u>**fuente estimular para prestar atención.**</u> Estas respuestas se diferencian de las defensivas por el descenso en las tasas cardíaca y respiratoria.

Ante un sonido de baja intensidad, como el timbre del teléfono, la reacción de la mayoría de los críos es volverse hacia el teléfono y escuchar. Si oyen un ruido muy fuerte, como la explosión de un petardo, entonces se sobresaltan. Pues bien, los niños que tienden a responder exageradamente —aumento de latidos, subida de tensión, respiración agitada—, incluso ante estímulos débiles e inocuos, son propensos a desarrollar temores.

Sustos y sobresaltos

¿Por qué es tan llamativa la mariposa tigre? Un ave inexperta atrapa con su pico un ejemplar y se lo come. El pájaro intoxicado vomita, pero sobrevive. Mediante esta experiencia asocia el color vivo y el sabor repugnante de la mariposa venenosa. En el futuro evita estos insectos tan vistosos y dañinos.

Uno de los mecanismos de adquisición del miedo es recibir un fuerte susto. Un crío se divierte con un gato. Inadvertidamente, le pisa el rabo. El animal se revuelve y le araña. A partir de ese momento el pequeño teme al gato. No se acerca a jugar con él. Le esquiva.

Una de las vías más potentes para coger miedo es asociar una cosa inofensiva a otra que produzca sensaciones o sentimientos de-sagradables, que generen dolor o malestar, de modo que la persona reacciona con temor después de la experiencia negativa. Así, el miedo a volar puede aparecer en un horrible viaje con turbulencias; el miedo a conducir, después de sufrir un accidente grave; el miedo a las agujas, tras recibir una dolorosa inyección; el miedo a las matemáticas, al suspender repetidamente y ser reprendido; el miedo a leer en voz alta delante de la clase, al equivocarse y ser objeto de mofa por parte de los compañeros...

Aprendemos...

Miedo a los animales surgido por una experiencia atemorizante

Antes del susto: niño sin miedo

Animal doméstico (perro, gato, etc.) → El niño juega con el animal

Después de un fuerte susto: niño con miedo

Animal doméstico (perro, gato, etc.) → Ataque del animal → Dolor, miedo

El pequeño Alberto y la rata blanca

Una pareja de investigadores norteamericanos realizó varias pruebas con un niño de aproximadamente un año de edad para demostrar la teoría de la asociación. Alberto era hijo de una de las cuidadoras que trabajaban en una institución para niños con discapacidad. Prácticamente desde su nacimiento se había criado en la guardería del hospital. Gozaba de buena salud. Su desarrollo físico era excelente. Pesaba nueve kilogramos y medio al inicio de las pruebas. Fue seleccionado por ser impasible y poco emotivo.

Durante los seis primeros meses de vida, los bebés reaccionan con miedo al retirarles la base sobre la que se apoyan. Transcurrido el primer medio año, muchos niños superan el temor a la pérdida repentina del soporte. Algunos pequeños se alegran y les gusta que les lancen al aire para ser atrapados cuando caen. Otros sienten desagrado con este juego. Para conocer la reacción de Alberto, tiraron y sacudieron con fuerza la sábana sobre la que estaba acostado. No evidenció signos de miedo. A continuación, ensayaron con un ruido fuerte inesperado, que también asusta a los bebés. El investigador distrajo al niño, haciendo que girara la cabeza y fijara la vista en la mano que movía delante de él. La investigadora, situada detrás del niño, golpeó con un martillo una barra de hierro produciendo un sonido fuerte. Alberto se sobresaltó, se alteró su respiración y levantó los brazos temeroso. Reiteraron la acción y observaron que apretaba los labios y le temblaba la boca. Al tercer intento rompió a llorar.

Le enseñaron diferentes animales, una rata blanca de laboratorio, un conejo, un perro pequeño, una cría de mono, y diversos objetos, máscaras lampiñas y barbudas, un paquete de algodón, papel quemado, etc. Filmaron el comportamiento de Alberto. Su reacción más frecuente fue acercarse y tocar los animales y las cosas exhibidas. En ningún momento manifestó la más ligera señal de miedo.

Sacaron de una cesta una rata blanca y la pusieron delante del niño. Tan pronto como la vio, alargó su mano para cogerla. Justo en el instante en que empezaba a acariciar al animal propinaron un sonoro martillazo. Alberto dio un salto y cayó de bruces en el colchón. Cuando nuevamente pretendió alcanzar al animal con su mano, sonó otra vez el ruido metálico. Alberto comenzó a lloriquear.

A la semana confirmaron los efectos del experimento anterior. Sin aviso previo, le mostraron la rata en silencio. El niño la miró fijamente sin moverse. Le acercaron el animal, intentó acariciarlo, pero al empezar la rata a olisquear su mano, la quitó rápidamente. Probó a tocar la cabeza del animal con su dedo índice, pero no se atrevió. En ese momento los investigadores le ofrecieron unos cubos de madera para que jugara. Más tarde, repitieron seis veces la asociación rata de laboratorio-ruido fuerte. Después, introdujeron al animal sin ningún sonido y constataron que al aparecer la rata el niño lloraba, caía de lado, se incorporaba y corría gateando a toda velocidad en sentido contrario hasta llegar al borde de la mesa de laboratorio, donde le recogían.

Dos meses antes Alberto disfrutaba jugando con la rata blanca como mascota, ahora sentía un miedo intenso hacia el animal. Asociar la rata blanca de laboratorio con un ruido fuerte ocasionó que el pequeño huyera despavorido al ver al animal.

Tras entretenerse con los cubos de madera, le enseñaron la rata. Empezó a gimotear y se apartó. Le ofrecieron de nuevo los juguetes. Sonrió y canturreó. Entonces pusieron un conejo encima del colchón. Alberto se asustó y lloró. Le acercaron el conejo y huyó a gatas gritando. Reaccionó de manera similar, aunque no tan exagerada, ante un perro pequeño y un abrigo de piel.

Seguidamente, colocaron junto a sus pies un paquete de algodón. Alberto lo alejó a patadas. Pretendieron que rozara el algodón, pero apartó enérgicamente la mano. El investigador agachó su cabeza y el niño se asustó al contemplar su cabello cano. Así mismo, se atemorizó al verle disfrazado de Santa Claus.

El miedo de Alberto a la rata blanca se había extendido a animales parecidos y a cosas blancas de textura semejante al pelaje. En cambio, el niño no se amedrentaba ante objetos distintos como los cubos o el pelo oscuro de otras personas.

El miedo de Pedro a los conejos

Una evidencia complementaria para corroborar la teoría es la asociación del objeto atemorizador con experiencias positivas. Se sabe que las experiencias positivas actúan como colchón que amortigua el impacto perjudicial de las experiencias negativas. Si un niño acude periódicamente al dentista para recibir tratamiento de ortodoncia y en la decimotercera visita la intervención odontológica le causa ligero dolor, es difícil que coja miedo al dentista. Por el contrario, si el daño se produce en la primera consulta, la probabilidad de desarrollar fobia dental es mucho mayor. Por tanto, la asociación del objeto temido con experiencias positivas debilita la asociación negativa y contribuye a la desaparición del miedo.

Cuatro años después de los experimentos con Alberto, otra investigadora estadounidense trató el miedo de Pedro, un niño de tres años, a los conejos. Diariamente entraban tres niños que no temían al animal en la sala del laboratorio para jugar con Pedro. La experimentadora acercaba el conejo progresivamente de acuerdo con una secuencia previamente estudiada.

Consejos

Pasos para eliminar el miedo de Pedro a los conejos

1. El conejo está fuera de la habitación.
2. Se acerca la jaula con el conejo a cuatro metros de Pedro.
3. A un metro.
4. A medio metro.
5. Se coloca la jaula con el conejo al lado de Pedro.
6. Se suelta al conejo en la habitación.
7. La experimentadora sostiene el conejo y Pedro lo toca.
8. El conejo corre libremente por la habitación y Pedro lo toca.
9. Pedro desafía al conejo arrojándole cosas e imitándole.
10. Se sitúa al conejo en la bandeja de la silla donde está sentado Pedro.
11. Pedro se agacha junto al conejo en una postura no defensiva.
12. Ayuda a la experimentadora a llevar el conejo a su jaula.
13. Pone el conejo en su regazo.
14. Se queda solo en la habitación con el conejo.
15. Permite que el conejo juegue con él.
16. Acaricia al conejo afectuosamente.
17. Deja que el conejo mordisquee sus dedos.

Desafortunadamente, Pedro contrajo la escarlatina y el tratamiento se interrumpió durante dos meses. Una vez recuperado se reanudó la terapia, utilizándose en esta fase la comida para vencer su temor. Al finalizar, Pedro afirmaba que el conejo le divertía. Se comprobó que su miedo a otros animales, como ratas blancas, también se había eliminado.

Miedo y castigo

El novelista británico Dickens plasma en sus libros con gran realismo el efecto atemorizador del castigo, al describir la infancia de los niños pobres y desamparados de la primera mitad del siglo XIX en Londres. **Uno de los efectos no deseados del castigo es que puede generar miedo al asociarse una situación inocua con la experiencia negativa.** Los psicólogos desaconsejan el castigo físico por varias razones. Una es la posibilidad de que el niño acabe temiendo a quien le castiga. **Por este motivo no es aconsejable que se delegue siempre en la misma persona la responsabilidad de castigar al niño.** «Ahora mismo llamo a tu madre», «te vas a enterar cuando se lo diga a tu padre», «informaré otra vez al jefe de estudios». Además, el castigo pierde eficacia si se pospone hasta que llegue la autoridad que lo ha de aplicar.

Si castigar no es el sistema más indicado, ¿cómo se actúa cuando un niño se porta mal?, ¿se está indefenso ante su mala conducta? **Existe la alternativa de emplear estrategias positivas.** Mejor «cómete esas dos cucharadas que te quedan y mamá trae la fuente de natillas que te ha preparado», que «si no terminas las lentejas, ya sabes, no hay postre». Preferible «acaba el problema de matemáticas y ves la televisión», que «como no hagas los deberes, olvídate de la tele». Pedagógicamente, es cierta la expresión «se cazan más moscas con una gota de miel que con un barril de vinagre». No obstante, la tendencia es amenazar en vez de incentivar. Es habitual ignorar el comportamiento adecuado y castigar conductas inapropiadas. Un niño travieso se entretiene solo en su habitación. Los padres pasan de puntillas por el corredor, «ssshhh, déjale ahora que juega tranquilo, no le hables, no vaya a ser que se revolucione».

Algunos niños hiperactivos temen ir a la escuela por el castigo que reciben continuamente. Está confirmado que es efectivo y previene el rechazo escolar del alumno el uso de métodos positivos por el profesor. <u>Así, las felicitaciones por trabajar sentado y en silencio disminuyen el número de veces que se levanta y hace ruidos distractores en clase, los elogios por los trabajos pulcramente presentados reducen las tachaduras, las alabanzas por no discutir en el recreo limitan las disputas en el patio.</u>

Hacernos el sueco siempre que sea posible, como ignorar una palabrota; pérdida de actividades agradables, como minutos de videojuegos; sanciones, como pequeñas multas; tiempo de aislamiento, como cinco minutos sentado en una silla; correcciones, como recoger del suelo los papeles que ha tirado, etc., son más aconsejables y no asustan como el castigo físico. En cualquier caso, si castigamos a un niño, hemos de procurar que no se establezcan asociaciones indebidas, por ejemplo, no debemos enviarlo a un rincón oscuro para impedir que desarrolle miedo a la oscuridad.

El miedo tiene sus ventajas

<u>El miedo proporciona privilegios especiales, como mayor atención por parte de los padres al abrazar al niño asustado.</u> Desde el punto de vista infantil, el principal beneficio de la protección paterna es que se le <u>exonera de enfrentarse a la situación temida.</u>

¿Miedo de verdad?

Los padres protegemos y ayudamos al niño con miedo. Le cobijamos en presencia de un desconocido que le asusta. Renunciamos a salir con amigos para que no se quede solo en casa. Le prometemos regalos caros para ganar la colaboración del crío con el personal del hospital.

El miedo también sirve de excusa para no realizar tareas desagradables o aburridas. Así, los hermanos se encargan de los cuidados de un animal doméstico, mientras que el niño está exento a causa de su temor. Consentimos que no vaya al colegio al verle muy asustado. Posponemos la visita al dentista.

Con el miedo se gana por partida doble. Los padres adoptamos una actitud comprensiva y tolerante, de modo que el niño, por un lado, obtiene más deferencias, mimos o concesiones, y, por otro, menos obligaciones, deberes o responsabilidades.

Según esta explicación, las reacciones de temor se perpetúan por las ventajas que, sin proponérselo el niño y sin pretenderlo los padres, se obtienen con el miedo. A menudo es complicado deslindar hasta dónde llega el sentimiento real y dónde empieza a tener más cuento que Calleja.

 **Leemos...**

¿Leche mala o mala leche?

Lorena, hija única. Sus ojos turquesa y sus rizos rubios atraen la atención de los clientes del comercio de comestibles regentado por los padres. Pasa el tiempo jugando detrás del mostrador, saboreando las chucherías que le apetecen, recibiendo agasajos de los parroquianos.

Al cumplir tres años la llevan a una escuela infantil. Lorena se queja de que le da mucho miedo el colegio, que le horroriza quedarse sola y desamparada lejos de sus papis. Sus vigorosas protestas minan la moral de sus progenitores comiéndoles terreno. El lunes acude en el autobús escolar. El martes, en el coche familiar hasta la verja que prohíbe la entrada a los vehículos, «solo personal autorizado». El miércoles, tras permiso de la directora, hasta la puerta interior de la escuela infantil. El jueves, su madre la acompaña a desayunar en el comedor del centro. El viernes, Lorena vomita, la maestra telefonea a la tienda y sus padres la recogen inmediatamente.

Tras informe médico corroborador de salud inmejorable, el psicólogo, de acuerdo con los padres, instruye a la maestra para que ignore la reacción de la niña. El día de la reincorporación se desarrolla según lo previsto. Lorena toma la leche con galletas junto a sus compañeros y pasa al aula. Al entrar, vomita delante de su señorita, que, siguiendo el plan trazado, limpia el suelo con la fregona sin dirigirle un solo comentario o mirada. Luego, continúa con las actividades habituales fingiendo que no ha ocurrido nada.

En días sucesivos se repite la historia, con vomitonas cada vez mayores, salpicando incluso el babi. Sin inmutarse, la maestra procede a lavar los restos de comida y a cambiar el babi manchado. Con el rabillo del ojo comprueba la expresión facial de Lorena, que muda de vigilancia expectante a incredulidad perpleja.

Por fin sucede. Una mañana temprano, la niña se planta en jarras tabaleando impaciente su pie derecho, y espeta: «Oye, "seño", que digo yo, ¿vas a llamar a mis papás de una vez o no? Porque si no, no "gomito"».

Una motivación poderosa

Según esta explicación, el sentimiento de miedo es una emoción, pero también el motivo para evitar o escapar de las situaciones temidas. En las reacciones de miedo, por ejemplo al agua, se distinguen dos factores:

1. Factor emocional

Explica la aparición del miedo. Un niño está aprendiendo a nadar. Sus amigos le hacen una ahogadilla. El crío traga agua. Sale a flote. Le vuelven a capuzar. De pronto, un compañero se da cuenta de que la broma ha llegado demasiado lejos. Bucea rápidamente y lo salva. El niño coge miedo al agua.

2. Factor motivacional

Justifica la persistencia del miedo. A raíz del desgraciado incidente, el niño no quiere acercarse al agua. En verano va con su familia a la piscina municipal. Sus padres y hermanos intentan en vano convencerle de que se acerque al borde. Mientras guarda una distancia prudencial está tranquilo, pero si le obligan a aproximarse se altera enormemente. El miedo le impulsa a mantenerse apartado de la piscina.

Un denominador común de todos los miedos infantiles es el alivio que siente el chaval cuando evita la situación temida.

Aprendemos...

Estudiante con ansiedad ante los exámenes

Situación temida	Examen de matemáticas
Sentimiento experimentado	Ansiedad, miedo
Decisión tomada	No presentarse al examen
Ventaja obtenida	Alivio al desaparecer la ansiedad, el miedo

Películas de terror y cuentos de miedo

Otro mecanismo de adquisición del miedo es la observación de experiencias atemorizantes. Un niño pasea por el parque y es atacado por un pájaro. Su hermano presencia el episodio. Tanto el niño que ha sufrido la agresión como el que ha sido testigo desarrollan fobia a los pájaros.

Una prueba dramática del contagio emocional que se opera al percibir personas aterrorizadas ocurre en el fenómeno *pánico de masas.* Un espectador descubre un incendio en un cine y da la voz de alarma. Los que le rodean salen corriendo al escucharle. El resto, que ni ha visto el fuego ni ha oído el grito, huye despavorido al observar las caras de espanto de la gente que escapa atropelladamente.

El pato Donald y el ratón Mickey

Una clase de preescolares vieron una película protagonizada por un niño de su misma edad que se asustaba ante el muñeco del ratón

Mickey que le ofrecía su madre. Por el contrario, su comportamiento era normal ante el peluche del pato Donald. Posteriormente, se les dio la oportunidad de jugar con ambos personajes de Walt Disney. Los niños se negaron a jugar con el ratón Mickey. Este experimento prueba el poder de las imágenes audiovisuales, cine, televisión y vídeo, para evocar miedo. Las películas de terror pueden originar temores infantiles.

¡Que vienen los rusos!

El miedo se transmite también a través de la información. Algunos miedos infantiles son resultado de historias de miedo contadas a los niños o de consejos protectores, «cuidado, no toques eso», «apártate inmediatamente de ahí». Los escolares se asustan cuando sus compañeros mayores les describen situaciones desagradables, «ya verás, ya verás el curso que viene, la física no la aprueba nadie, las matracas son un hueso...».

Los factores culturales influyen en los miedos. En los años de la Guerra Fría, uno de los temores más frecuentes de los niños norteamericanos eran los rusos. Los medios de comunicación de masas transmiten valores (y temores) sociales, de modo que la insistencia en el *peligro rojo* llegó a asustar a los críos estadounidenses.

Llueve sobre mojado

¿Por qué los niños temen un conjunto reducido de cosas y no otras distintas? ¿Por qué unos críos se asustan más que otros? ¿Cuáles son las condiciones para que aparezca un miedo concreto? ¿A qué se debe que determinados miedos infantiles no se debiliten? El origen de los miedos infantiles se explica por la confluencia de múltiples factores: situaciones particularmente atemorizadoras, niños especialmente impresionables, experiencias fuertemente negativas, ventajas extremadamente poderosas...

Aprendemos...

Factores que explican la aparición y persistencia de los miedos infantiles

1. <u>Preparación.</u> Debido a la evolución de la especie humana, los niños están preparados para coger fácilmente miedo a determinados objetos, como serpientes inofensivas, y no a otros, como enchufes eléctricos, a pesar de que en la actualidad suponen mayor riesgo.

2. <u>Vulnerabilidad biológica.</u> Los niños cuyas reacciones psicofisiológicas de defensa se disparan rápidamente, alcanzando intensidades fuertes y tardando en normalizarse, están predispuestos a coger miedo. También influye el estado general del organismo. Cuando un crío está enfermo, fatigado o con molestias físicas, resiste menos las impresiones. En condiciones adversas, pequeños sustos tienen gran repercusión.

3. <u>Vulnerabilidad psicológica.</u> Cuantos menos recursos posea el niño para afrontar situaciones estresantes y atemorizadoras, tendrá más probabilidad de reaccionar con miedo y menos de responder relajada y tranquilamente.

4. <u>Historia personal.</u> El miedo depende de la forma como se han desarrollado los acontecimientos en el pasado cuando el niño se ha encontrado en la misma situación. Por ejemplo, el riesgo de que un estudiante, que lo ha pasado mal en cursos anteriores, presente miedos escolares es mayor que el de un alumno brillante, que disfruta en el colegio.

5. <u>Experiencias negativas.</u> Un mecanismo fundamental para la adquisición de miedos es sufrir una intensa experiencia negativa, es decir, un susto muy fuerte, como una separación traumática de la madre, o varias experiencias negativas menos fuertes, como fracasos repetidos en los exámenes.

6. <u>Observación.</u> Una segunda vía que conduce al miedo es presenciar, en la vida real o en una filmación (televisión, cine, vídeo), a otras personas viviendo acontecimientos aversivos o asustándose en situaciones concretas.

7. <u>Transmisión de información.</u> Mensajes e historias, orales o escritas, de contenido atemorizante, como cuentos de miedo, desencadenan también reacciones de temor.

8. <u>Ventajas del miedo.</u> Los beneficios de las reacciones de temor, positivos, como atenciones especiales, y negativos, como el alivio del malestar, contribuyen a que el miedo persista y resulte difícil de eliminar.

3
¿Cómo ayudo a mi hijo a vencer sus miedos?

Qué hacer

- ☑ Cuéntale historias en las que el protagonista infantil logra superar el miedo.

- ☑ Muéstrale vídeos de amigos suyos haciendo lo que él no se atreve.

- ☑ Juega con él a ser osado y anímale a superar pruebas de valor.

- ☑ Pídele que se repita frases de coraje y ánimo.

- ☑ Felicítale cada vez que lleve a cabo una acción de valentía.

Qué no hacer

- ☒ No intentes razonar ni convencerle de que no tenga miedo.

- ☒ No le obligues a hacer cosas que le dan mucho miedo.

- ☒ No le fuerces a enfrentarse a las bravas con el miedo.

- ☒ No le grites ni le coacciones físicamente.

- ☒ No prestes atención excesiva a sus quejas.

Un secreto y doce armas

¿Cómo se va el miedo a montar en bicicleta? Pedaleando. ¿Cómo desaparece el miedo al agua? Nadando. ¿Cómo se elimina el miedo a hablar en público? Conferenciando. ¿Cómo se suprime el miedo a los exámenes? Examinándose. ¿Cómo se desvanece el miedo a la oscuridad? Quedándose a oscuras. ¿Cómo se debilita el miedo a separarse de la madre? Separándose de ella. ¿Cómo se extingue el miedo a los ruidos fuertes y a las tracas? Asistiendo a fuegos artificiales.

¿Cómo se supera el miedo a los animales? Relacionándose con ellos.

Consejos

El secreto contra el miedo

¿Cómo se vence el miedo a _____? Llevando a cabo la acción temida. Ese es el secreto contra el miedo. Los temores desaparecen cuando la persona se relaciona con el objeto temido y comprueba de verdad que no sucede nada malo. Gráficamente, el mecanismo de superación se resume en: paso del niño al frente, el miedo retrocede; paso atrás, el miedo avanza.

De nuevo, el secreto. ¿Cómo se va el miedo a conducir? Conduciendo. Un conductor vence su temor practicando hasta que se acostumbra y la conducción se convierte en una actividad automática. Por el contrario, si no coge el coche después de sacarse el carné, el miedo se conserva e incluso aumenta.

La conducción es una tarea compleja. Una simple maniobra como el adelantamiento exige una elevada coordinación de pensamientos y movimientos en breves segundos. Primero, percatarse de que la velocidad del vehículo que circula delante es menor. Segundo, comprobar que no existe señal de prohibido adelantar o línea continua. Tercero, asegurarse de que no circula ningún vehículo en sentido contrario o, si circula, que se halla a suficiente distancia para completar el adelantamiento sin peligro. Cuarto, mirar por el retrovisor interior, por el espejo lateral y con el rabillo del ojo el ángulo muerto, para constatar que ninguno de los vehículos que circulan detrás está adelantando en ese momento. Quinto, poner el intermitente de dirección izquierda para avisar del inicio de la maniobra. Sexto, pisar el embrague con el pie izquierdo. Séptimo, reducir a una marcha más corta con la mano derecha para aumentar la potencia del motor y adelantar con rapidez. Octavo, girar el volante y situar el coche en el carril izquierdo de la calzada. Noveno, pisar el acelerador con el pie derecho. Décimo, sobrepasado el vehículo más lento, poner el intermitente de dirección derecha para advertir del final de la maniobra. Undécimo, girar el volante y regresar al carril derecho dejando el espacio reglamentario con respecto al vehículo adelantado. Duodécimo, volver a poner una marcha más larga.

¿Se extraña alguien de que rasque el cambio de marchas o de que el coche realice una pequeña ese?

Al principio se circula agobiado porque el dominio todavía es inseguro. La persona acaba exhausta, incluso en trayectos cortos, debido al exceso de tensión muscular. Por miedo a que se cale el coche, pisa el embrague con tanta fuerza que el pie está a punto de salirle por el faro delantero. Por miedo a perder el control, gira el volante espasmódicamente sin variar la posición de las manos intentando doblar a peso el vehículo. Por miedo a chocar, adopta una postura rígida, la espalda encorvada, el cuerpo inclinado sobre los mandos.

Al igual que el conductor, el niño debe relacionarse con las cosas que teme para vencer su miedo. El secreto, sencillo en teoría, es complicado en la práctica, porque ¿cómo convencerle de que se quede a disfrutar un castillo de fuegos artificiales si se aleja despavorido al escuchar la primera traca?, ¿cómo conseguir que juegue con un cachorro de perro en lugar de palidecer y estallar en llanto?

Consejos

Doce armas para luchar contra el miedo

Afortunadamente, no se está desarmado en esta batalla. Hay una docena de cosas que los padres podemos hacer para ayudar al hijo a vencer sus temores. Estas doce armas son: dosificar el miedo, contar cuentos, utilizar audiovisuales, proporcionar seguridad, dar ánimo, demostrar valor, jugar a ser valiente, usar antídotos, relajar, mentalizar, elogiar los avances e ignorar los retrocesos.

En ocasiones, tenemos que mostrarnos activos para desenvolvernos con éxito. El temor a bañarse en aguas profundas se puede contrarrestar con un flotador, pero si el objetivo es la superación definitiva del miedo, entonces hay que enseñar a nadar. Otras situaciones, en cambio, son más fáciles, puesto que lo único que debemos hacer es permanecer tranquilos, como en la oscuridad.

Consejos

Aviso importante

Antes de prestar ayuda hay que estar seguros de que no existe razón objetiva que justifique el temor infantil, como falta de habilidad u otros obstáculos. Si el niño se niega a ir al colegio por miedo, hay que averiguar si existen problemas que explican su reacción, como dificultades específicas para el aprendizaje escolar o compañeros intimidadores.

Dosificación

La mayoría de los niños pequeños, cuando se bañan por primera vez en el mar o en una piscina, sienten miedo. Hay dos formas de quitarles el miedo al agua: poquito a poco o de golpe y porrazo. El primer procedimiento, más lento, posee la ventaja de que se supera el miedo con mínimo malestar. Con el segundo sucede al revés, es más rápido, pero se pasa peor, por lo que este método se reserva a los profesionales.

El padre pone los manguitos al hijo, le coge de la mano y le acompaña hasta la orilla. Cuando juega sin temor en la playa lo mete en el agua, cada vez más adentro, hasta los tobillos, la cintura, el pecho, el cuello. Después le coge y le introduce abrazado donde no hace pie. Le va soltando despacio para que flote solo con ayuda del salvavidas. Al principio permanece a su lado, luego se va alejando progresivamente. Tras varios días, el niño que se negaba a bañarse se siente como pez en el agua y no hay manera de que salga para comer.

Mes de julio. Cursillos municipales de natación. Fila india de veintitantos niños en bañador. Caras de susto. El monitor les lanza uno a uno a la piscina que cubre. Se hunden momentáneamente. Salen a flote cabezas con expresión de estar pasándolo mal. Tragan agua. Se aferran al corcho con fuerza. Chapotean. Comienzan a mover las piernas. En la primera clase no se enseña ningún ejercicio, simplemente hay que estar en el agua. Al día siguiente, muchos no necesitan que el instructor les empuje, se tiran y se divierten bañándose. Esta segunda estrategia requiere el concurso de un experto.

La dosificación consiste en administrar el miedo en pequeñas dosis. A medida que se tolera mejor la situación, se aumenta gradualmente la cantidad de miedo. El procedimiento se asemeja a una escalera. Al niño con miedo a las alturas le produce vértigo verse de pronto en el último rellano de la escalera de incendios, pero se atreve a subir el primer escalón. Una vez que no siente temor sube el segundo, luego el tercero, y así sucesivamente hasta llegar, peldaño a peldaño, a la plataforma más alta.

Consejos

Trucos para la dosificación

1. <u>Distancias</u> cada vez más cercanas al objeto temido. El niño se aproxima diez metros, siete metros, cinco metros, tres metros, dos metros, un metro y medio, etc., hasta ponerse junto a la valla donde está encerrado un perro amaestrado.

2. <u>Tiempos</u> cada vez más prolongados en la situación temida. El niño permanece a oscuras, solo en su habitación, cinco segundos, diez segundos, treinta segundos, un minuto, dos minutos, cinco minutos, etc.

3. <u>Intensidades</u> cada vez mayores del estímulo atemorizante. En el miedo a los ruidos fuertes se aumenta progresivamente el volumen de la grabación con explosiones de petardos. En el miedo a la oscuridad se disminuye gradualmente la luminosidad usando un regulador.

4. <u>Situaciones</u> cada vez más difíciles. En los miedos sociales, el chico se relaciona cada vez con personas con las que se corta más: familiares, amigos, conocidos, extraños, figuras de autoridad, chicas, etc.

5. <u>Combinaciones</u> de los criterios anteriores. Es la forma más común de proceder. En el miedo a la oscuridad, permanece cada vez más rato (tiempos), en condiciones de mayor oscuridad (intensidades), de día y de noche y en diferentes lugares (situaciones).

Hay miedos en los que cuesta mucho romper la barrera inicial. Separarse por primera vez de la madre es muy difícil para un niño con miedo. Por esta razón, al principio la dosificación debe progresar muy lentamente, aumentando poco a poco los minutos sin compañía de la madre. Una vez que tolera estar sin su madre se puede avanzar más rápidamente: separaciones de horas, hasta lograr finalmente la eliminación del miedo.

Consejos

Romeo y Julieta

Romeo, seis años, hijo único, nace a los veinte años de matrimonio. No soporta separarse de Julieta, su madre.

Cuando alguien le pregunta su nombre, le dice a mamá que conteste por él. El miedo se desencadenó cuando tenía cuatro años. Su madre estuvo hospitalizada un mes, y durante ese tiempo solo pudo verla en dos ocasiones. Sus padres reconocen que los problemas de conducta se deben en gran medida a que «le queremos demasiado». La madre es la única que se ha atrevido a castigarle y confiesa «cuando le doy un azote, me voy a mi habitación a llorar». Duerme con su padre. No asiste al colegio. Sus padres consultan a un profesional. Para facilitar las separaciones dosificadas se invita a Romeo a desayunar sus alimentos preferidos: chocolate, plátanos, etc.

Romeo y su madre en el despacho del psicólogo. Duración: quince minutos.

1. Romeo y el psicólogo. La puerta abierta para que pueda ver a su madre en el pasillo fuera del despacho. Duración: treinta minutos.

2. Romeo y el psicólogo en el despacho con la puerta cerrada. La madre en el pasillo. Romeo puede comprobar la presencia de su madre siempre que quiera. Duración: treinta minutos.

3. Igual que el paso 3.º, pero ahora la madre más lejos, en la sala de espera.

4. Igual que el paso 4.º, pero Romeo no puede comprobar la presencia de su madre. Duración: cuarenta y cinco minutos.

5. Romeo y el psicólogo van a la cafetería del hospital. Romeo le cuenta a su madre adónde va. Duración: quince minutos.

6. Romeo y el psicólogo marchan a la cafetería a tomarse un helado, pero no se permite que Romeo informe a su madre. Duración: treinta minutos.

7. Romeo y el psicólogo visitan la cafetería de unos grandes almacenes situados en la acera de enfrente del hospital. Se le autoriza a decírselo a su madre. Duración: quince minutos.

8. Igual que el paso 8. Duración: treinta minutos.

9. Romeo y el psicólogo acuden a la cafetería y pasean por los alrededores. Duración: sesenta minutos.

10. Romeo se queda solo en casa con una canguro competente. Duración: una hora.

11. Y siguientes. Iguales que el paso 11.°, pero aumentando las horas de separación.

Por el contrario, en otros miedos los mayores obstáculos aparecen al final. Acercarse a un perro que se halla encerrado en una caseta es relativamente fácil al principio, puesto que el niño se siente seguro al saber que el animal ni siquiera puede rozarle. En cambio, cuando está muy cerca del perro el miedo se dispara. En este caso, las distancias de aproximación inicialmente son más largas, posteriormente más cortas.

Consejos

Rintintín

Manolo, nueve años, es el menor de tres hermanos. La familia vive en una casa de campo donde posee un centro de cría y adiestramiento. Padre e hijo rivalizan por sus perros guardianes. Una noche, de regreso del cine, al doblar Manolo la esquina del chalé, el pastor alemán de guardia se abalanza sobre él. El padre, que sigue detrás, ordena tajantemente «¡plast!», y el perro queda inmovilizado en el suelo. Manolo no sufre ningún daño, pero se asusta mucho cuando ve el barro de las zarpas en sus gafas y piensa que le podía haber saltado un ojo. El padre atribuye el ataque a un error del animal, que no oyó las pisadas amortiguadas en el césped mojado ni olió la presencia de su dueño debido al fuerte aroma a tierra húmeda a causa de la lluvia caída. En este caso el objetivo no se limita a tolerar la presencia del perro, sino que el niño debe recuperar las conductas de cuidado y juego con su mascota.

Situaciones de dificultad baja: el pastor alemán encerrado en su caseta vallada.

1. Manolo se acerca paulatinamente a la valla (primero zancadas, después punta-talón).
2. Mira y llama al perro por su nombre desde el otro lado de la valla.
3. Abre la puerta de la caseta para liberar al perro.

Situaciones de dificultad intermedia: el pastor alemán suelto, pero con medidas de seguridad.

4. Pasea al perro con correa y bozal.

5. Acaricia el lomo del perro.
6. Le quita la correa.
7. Lo pone patas arriba.
8. Le rasca la barriga.

Situaciones de dificultad alta: el pastor alemán sin medidas de seguridad.

9. Manolo y el perro en la caseta vallada.
10. Lo alimenta con salchichas.
11. Le da de comer de su mano.
12. Le lava el pelo.
13. Le aplica unos polvos para desparasitarlo.
14. Juega con él.

En algunos miedos, la dosificación está condicionada por la secuencia natural. El niño que va con miedo al dentista puede experimentar más temor ante el pinchazo en la encía que ante la propia intervención dental. Sin embargo, el proceso exige primero la anestesia y luego la extracción. En estos casos se precisa la colaboración del personal sanitario.

Consejos

La enfermera amable

1. El niño escucha al médico prescribirle la vacuna.
2. El niño ve a su madre telefonear al centro de salud para solicitar turno para vacunarle.
3. El niño va con sus padres en coche al centro de salud.
4. El niño está sentado con sus padres en la sala de espera.
5. La enfermera les llama para que pasen a la consulta.
6. La enfermera saca la jeringuilla de su envoltorio.
7. La enfermera pincha el frasco de la vacuna y llena la jeringuilla.
8. La enfermera frota el brazo con un algodón empapado en alcohol.
9. La enfermera pincha en el brazo.
10. La enfermera empuja el émbolo hasta el final y extrae la aguja.

Además de los miedos médicos, como las inyecciones o los dentistas, existen otros que también requieren asesoramiento profesional. En el miedo al agua es conveniente contar con la participación del profesor de natación.

Consejos

El profesor de natación experto

1. El niño entra en la piscina (primer escalón).
2. Baja los escalones y se mete en el agua hasta las rodillas.
3. Baja los escalones y se mete en el agua hasta la cintura.
4. Baja los escalones y se mete en el agua hasta el cuello.
5. Deja que el profesor le separe de los escalones.
6. Nada a braza mientras el profesor le sostiene por debajo del pecho.
7. Mete la cara bajo el agua.
8. Mete la cabeza completamente debajo del agua.
9. Sentado en el borde de la piscina, se tira al agua y el profesor le sujeta por debajo de los brazos.
10. Agachado en cuclillas, se tira al agua y el profesor le sujeta por debajo de los brazos.
11. De pie, se tira al agua y el profesor le sujeta por debajo de los brazos.
12. Flota en el agua, bocabajo, con ayuda.
13. Flota en el agua, bocabajo, sin ayuda.
14. Nada a braza sin ayuda en la parte poco profunda (donde hace pie).
15. Se tira al agua y nada a braza sin ayuda en la parte poco profunda (donde hace pie).
16. Nada a braza sin ayuda en la parte profunda (donde no hace pie).
17. Se tira al agua y nada a braza sin ayuda en la parte profunda (donde no hace pie).

Leemos...

Juan sin miedo

Juan, de cuatro años, es hijo único. Sufre pesadillas y se asusta de la oscuridad. Había mejorado, pero en la escuela infantil le contaron una historia de miedo y volvió a recrudecerse su temor. ¿Puede ayudar dosificar el miedo de Juan?

Una solución se ofrece al final del capítulo, en la página 97.

Cuentos

Monstruos, ogros, dragones, vampiros y seres fantásticos de similar calaña pululan por la literatura infantil. De la misma forma que los cuentos de miedo y las historias de terror asustan, los relatos pueden usarse hábilmente para tranquilizar y reducir los temores infantiles. Esta ayuda está especialmente recomendada con niños pequeños de fantasía desbordante.

Cuando se les propone llevar a la práctica el secreto contra el miedo, hay niños que no se atreven a relacionarse con el objeto temido. Si les forzamos, empiezan a llorar y a patalear. Una alternativa es inventar un cuento en el que se dosifica el miedo.

En primer lugar, se enseña a distinguir entre imaginar y pensar. Se le pide que se siente cómodamente y cierre los ojos, se le describe pormenorizadamente una escena, como una fiesta de cumpleaños, y le indicamos que cuando la imagine con claridad diga «ya». Entonces abre los ojos y contesta preguntas concretas, «¿de qué color era el jersey que vestía tu amigo?», «¿cuántas velas llevaba la tarta?». La mayoría no saben contestar, porque han estado pensando en la situación en lugar de imaginarla. Se le instruye para que la vea con viveza dentro de su cabeza, como si fuera una película, y se repite el ejercicio.

En segundo lugar, le explicamos la diferencia entre imaginar activa y pasivamente. Cuando se adopta una actitud pasiva se ven las imágenes desde fuera sin participar, como quien contempla una postal. En cambio, si alguien se implica emocionalmente en las imágenes, siente lo que está viendo, igual que ocurre en las pesadillas, donde uno tiene miedo cuando le persigue un perro rabioso.

En tercer lugar, se comprueba que las imágenes mentales suscitan las emociones correspondientes. El niño siente tranquilidad cuando imagina escenas como estar tumbado en una playa soleada y miedo al imaginar situaciones como entrar en la consulta del practicante.

Finalmente, inventamos una historia emocionante. Se inicia la narración de aventuras infantiles protagonizadas por un héroe valeroso, como *Superman, Spiderman, Batman, Popeye, Tortugas Ninja, Power Rangers,* etc., elegido por el niño. Otra posibilidad es escoger un tema atractivo. Se desarrolla el relato con habilidad para suscitar sentimientos de autoafirmación, orgullo, afecto, alegría..., que contrarresten el miedo, recurriendo a efectos especiales como inflexiones de voz, onomatopeyas, ruidos, etc. Cuando por la expresión facial se observa que se encuentra emocionado escuchando, se introduce la primera escena de la dosificación y se le pregunta si tiene miedo. En caso afirmativo, se retoma el argumento principal y se continúa de la forma más divertida posible. Se repite la asociación del relato inductor de emociones positivas y la escena levemente atemorizadora hasta dejar de sentir miedo. Procederemos de la misma forma con la segunda escena, y así sucesivamente hasta completar la dosificación.

Consejos

Las 500 millas de Indianápolis

Un niño de catorce años con discapacidad intelectual tiene miedo a los perros. Toma dos autobuses para ir a la escuela antes de correr el riesgo de toparse con un perro por la calle. Conversando con el psicólogo, se descubre que le fascinan los coches de carreras. La ilusión de su vida es disputar las 500 millas de Indianápolis con un Alfa Romeo.

Un resumen del cuento inventado es el siguiente:

«Cierra los ojos. Quiero que te imagines, clara y vívidamente, que tu deseo se ha convertido en realidad. El Alfa Romeo es tuyo de verdad. Se encuentra aparcado en la calle, delante de tu casa. Míralo. Fíjate qué bonito es el diseño de su carrocería. Decides ir a dar una vuelta con tus amigos. Te sientas al volante. Sientes un estremecimiento de orgullo al pensar que eres el dueño de este magnífico automóvil. Accionas el contacto y escuchas el maravilloso rugido de su tubo de escape (r-r-ran, r-r-rran, r-r-ran). Aceleras y el coche arranca como un rayo... Ahora conduces por una carretera despejada. El coche se comporta como un purasangre. La aguja del cuentakilómetros va subiendo, 140 km/h, 150 km/h... Notas que controlas perfectamente el deportivo. Miras los árboles que zumban al pasar, zssssshas, zssshas, zshas... En ese instante ves un perrito junto a uno de ellos. ¿Te da miedo?»

Una escena más avanzada de la dosificación:

«Te detienes ante una cafetería en un pueblo. Muchas personas y los chiquillos se agolpan a tu alrededor para mirar con envidia al magnífico bólido y a su afortunado propietario. Respiras con satisfacción (inspiración nasal profunda). Tu pecho se hincha de orgullo. En ese momento se acerca un enorme bóxer y olfatea tus talones. ¿Te da miedo?»

Leemos...

Cosas de bombero

Mariano, de cuatro años, es llevado a la consulta del psicólogo a causa de un intenso miedo a los fogones. Según la madre, el problema surge dos meses atrás, cuando su hijo presencia un incidente en casa de la abuela materna. Estaban preparando la comida como todos los domingos. Se distrajeron charlando, y el aceite que se calentaba en la sartén para freír las patatas prendió, elevándose súbitamente una llamarada espectacular. Una de las tías dejó escapar un grito ahogado y retrocedió asustada (el padre interrumpe para resaltar que la familia de su mujer es bastante miedosa).

A raíz de este episodio Mariano empieza a manifestar temor, que se intensifica rápidamente. Las suaves quejas iniciales se transforman en enérgicas protestas en cuestión de días. El siguiente fin de semana se niega a ir a comer a casa de la abuela. Al poco tiempo protagoniza fuertes rabietas cuando su madre intenta encender el hornillo de gas o se aproxima la hora de las comidas. Prefiere ayunar. Si le obligan a permanecer en la cocina y comer los alimentos guisados, vomita.

La reacción de los padres varía paulatinamente. Al principio, creyendo que se trata de un susto pasajero, no le conceden importancia e ignoran los lloros. En vista de que no funciona, deciden razonar y convencerle de lo ilógico de su temor. Intento baldío. Su padre propone jugar a los pistoleros, valiéndose como arma de un encendedor y animándole a que dispare, pero Mariano sorprende con una precoz objeción de conciencia. Paralelamente al agotamiento de su paciencia, los progenitores aumentan las ridiculizaciones, las reprimendas y las amenazas.

La madre prodiga imaginación culinaria. Cocina mientras Mariano está en el colegio. Guarda los guisos en recipientes térmicos para alimentos. Recurre a platos fríos, conservas, bocadillos. Utiliza la parrilla eléctrica. El padre colabora distrayendo al niño con la televisión o bajándoselo al jardín mientras su mujer prepara la cena.

Sin embargo, las situaciones estresantes son inevitables. La madre reconoce verse desbordada las noches que su marido se retrasa al regresar del trabajo. Enciende el fuego para calentar el biberón del hijo pequeño. Mariano corre a apagarlo. Le riñe. Abre el mando de nuevo, acerca la cerilla para prender... Mariano sabotea la operación cerrando la manija de la bombona de butano. Pierde la calma, le pega. Mariano responde lanzando patadas, unas al aire, otras a la espinilla de mamá. En pleno rifirrafe, llanto agudo del bebé hambriento en la cuna. La madre no sabe cómo multiplicarse para calmar al menor y controlar al mayor.

¿Se te ocurre una historia divertida y emocionante para ayudar a Mariano?

Una solución se ofrece al final del capítulo, en la página 98.

Películas

Con algunos niños no funcionan los cuentos. Incluso aseguran ser muy valientes cuando se les narra la historia, pero luego, al efectuar una prueba en la realidad, continúan reaccionando con miedo.

Una solución son los recursos audiovisuales sobre los objetos temidos, como grabaciones de audio de ladridos, fotografías de perros de distintas razas, vídeos en los que aparecen perros, etc. El niño ve y escucha diariamente gran cantidad de imágenes y sonidos a través del televisor, el vídeo, el cine, el ordenador o la radio. **Del mismo modo que una película de terror atemoriza, observar en la pantalla a una persona osada ayuda a superar el miedo.**

Aprendemos...

Ventajas de los materiales audiovisuales

1. **Efectos especiales:** podemos resaltar la expresión facial mediante primeros planos, trucar la grabación, emplear dibujos animados, incluir música relajante, usar la moviola, etc.

2. **Control de la situación:** nos permiten corregir errores que en directo no tienen vuelta atrás. Por ejemplo, si durante el rodaje el actor se asusta al interpretar como ataque y no como muestra de cariño la veloz carrera del perro, la escena se elimina y se rueda de nuevo después de tranquilizar al protagonista.

3. **Intervención a gran escala:** logramos atender a muchos niños, mediante la reproducción de las grabaciones o la proyección de las filmaciones en escuelas de padres, colegios, campamentos de verano, salas de espera de dentistas, etc.

4. **Práctica:** podemos repetir la escucha del audio o el visionado del vídeo las veces que sea conveniente.

Leemos...

Miedo al quirófano

Susi, de once años, y Vicente, de doce años, se hallan en lista de espera para una operación de otorrinolaringología. Es la primera vez que van a pasar por el quirófano y sienten miedo. Por fortuna, existe un equipo de preparación psicológica a la cirugía en el hospital.

La víspera de la intervención quirúrgica ven en una sala acondicionada, en penumbra y sin ruidos, un vídeo de veintidós minutos, *Mi operación,* que muestra a una niña y un niño de doce años que son hospitalizados para ser operados. La película contiene escenas en las que se observan diversos acontecimientos que la mayoría de los niños viven desde el ingreso hasta el alta hospitalaria, incluyendo la admisión, la presentación del personal sanitario —celador, enfermera, pediatra, cirujano y anestesista—, la extracción de sangre, la toma de la tensión arterial, la separación de la madre, el traslado al quirófano, la inducción de la anestesia, la estancia en la sala de recuperación y el posoperatorio en la habitación.

Los enfermeros informan sobre el funcionamiento del hospital, régimen de comidas, visitas, etc., los médicos explican el instrumental, las pruebas, etc., y los niños protagonistas enseñan a relajarse, respirar profundamente, imaginarse escenas que infunden calma, como el mar, y a decirse frases tranquilizadoras, de forma que superan su nerviosismo y preocupación.

Susi y Vicente reconocen que les ayudó la película. Al compararlos con niños operados que no la han visto obtienen puntuaciones más bajas en el *Inventario de miedos hospitalarios* y en la *Escala de observación de conductas de ansiedad durante la hospitalización,* menos pulsaciones por minuto en el momento de entrar al quirófano y mejores índices de recuperación en el posoperatorio.

El padre puede realizar una grabación con un vídeo doméstico para ayudar al hijo. La calidad técnica de las imágenes importa menos que el contenido. El protagonista, del mismo género y edad que el espectador, debe mostrar miedo al principio de la película y terminar superándolo.

Leemos...

Creaciones Disney

La profesora de una institución para niños con necesidades especiales observa que sus alumnos se asustan cuando ladran los perros que vigilan el centro educativo. Cámara en ristre, se decide a filmar *El perro, el mejor amigo del hombre*. ¿Se atreve a ejercer de guionista y sugerir el argumento de la película?

Una solución se ofrece al final del capítulo, en la página 99.

Seguridad

Numerosos estímulos del contexto sanitario, como el olor a medicinas o los instrumentos que se utilizan, asustan a los niños. <u>Una forma de reducir sus temores es modificando aspectos físicos como la decoración, el mobiliario o la vestimenta</u> de los profesionales de los hospitales infantiles.

Por ejemplo, se recubren las paredes de las habitaciones con dibujos de paisajes o de personajes de dibujos animados; se acondiciona la sala de despertar de la planta de cirugía pediátrica para que resulte lo más agradable posible, música relajante, acuarios, macetas, juguetes...; se pinta el techo de la UCI infantil con constelaciones estelares semejante a un planetario; se pone a disposición de los niños un cuarto con juguetes, lecturas y otros entretenimientos, y las enfermeras visten chándal en lugar de bata blanca.

<u>Otro modo de disminuir el temor que evoca una situación es introducir señales de seguridad en el ambiente e irlas suprimiendo paulatinamente.</u> En el miedo a la oscuridad se le regala al niño una atractiva linterna para que la tenga en la mesilla de noche o se enchufa un piloto pequeño que esparce una luz tenue. En las fobias animales se utilizan elementos de sujeción, como jaulas, urnas, correas o bozales. En la ansiedad por separación, cuando la madre se marcha, el crío, en lugar de quedarse solo, permanece acompañado por otros adultos significativos.

¡Ánimo!

Intentar convencer de la enorme tontería que es tener miedo a algo inofensivo no es un método efectivo. Los niños mayores reconocen que, aunque no hay motivo para el miedo, no pueden dejar de sentirlo. Un adolescente entiende que es absurdo temer la tormenta dentro de un edificio protegido con pararrayos, pero admite que se horroriza cuando relampaguea y truena. Los más pequeños pueden estar convencidos incluso de que el peligro es real, por ejemplo creen en la existencia de Drácula. **El miedo es un sentimiento que escapa al control voluntario y, por tanto, al poder del razonamiento.**

Consejos

Mensajes útiles

— Mensajes que advierten de peligros reales. Más vale ser prudente que pasarse de valiente. Recuerda: algunos perros tienen malas pulgas; pide permiso al dueño antes de acariciarlo.
— Mensajes que enseñan la acción apropiada. Si se apaga la luz de la escalera, pide en voz alta que la enciendan. Si nadie responde, pégate a la pared, sube los escalones con precaución, avanza a tientas palpando con las manos la pared hasta encontrar el interruptor.
— Mensajes que tranquilizan al niño. Ninguna persona se desangra cuando le pinchan con una aguja en la vena para sacarle sangre.

Sin embargo, los mensajes más eficaces son los que impulsan a llevar a cabo la acción temida. Frases cortas pronunciadas en tono firme: «acércate, tócalo, no muerde», «tú solo, no pasa nada», «venga, vamos»; expresiones que infunden brío «¡Pe-pi-ta, Pe-pi-ta, Pe-pi-ta…!», «¡ánimo, campeón!», «tú puedes hacerlo», «¡Alabí, alabá, alabín, bom-bá!, Ramón, Ramón, y nadie más».

Las ayudas verbales **son más potentes si van acompañadas de contacto físico,** como dar palmadas de coraje en la espalda, pasar el brazo por la cintura y tirar suavemente del niño para que entre en la consulta del analista o coger su mano y enseñarle a acariciar cariñosamente a un animal.

Leemos...

¿Y ahora qué hago?

Quince de agosto. Treinta y cinco grados a la sombra. Prudencio ha ido a la piscina del club a bañarse con sus amigos. Nadan y juegan en el agua. Uno de ellos sube al trampolín y se lanza en plancha. A continuación, otro se tira de cabeza. El tercero se luce con un salto mortal. El resto prosigue la exhibición ante las chicas, que miran entusiasmadas las piruetas cada vez más arriesgadas. Prudencio, excelente nadador, pero mediocre saltador, se ampara en la masa anónima de bañistas, cuando una voz delatora grita «Pruden, te toca».

Prudencio nota innumerables pares de ojos clavados en el cogote. Se da ánimos repitiéndose «a mal tiempo buena cara». Finge una sonrisa al iniciar la ascensión. Llega a lo más alto esforzándose en aparentar decisión. Aplausos. Ante él se extiende una tabla de madera de más de dos metros de longitud. Se acerca al borde y mira el rectángulo azul centelleante. De pronto, le atenaza el terror.

«¿Cómo desde allá abajo la altura parecía una tontería y desde aquí arriba es un precipicio?». Un sudor frío recorre su espalda a pesar del calor ambiental. Duda al borde del abismo. Silbidos.

Transcurren unos segundos interminables. Silencio. No se decide. Entonces los traidores arrancan a coro, «ga-lli-na, ga-lli-na, ga-lli-na». De reojo, comprueba que Marina, su mejor amiga, espera expectante. A pesar de ello, continúa sin atreverse. La felonía arrecia, «Pruden, no tienes lo que hay que tener», «¿qué pasa, te da miedo?», «llama a tu madre, cobarde», «¿es que eres un bebé?», «¡venga, ya, demuestra que tienes valor!». La pérfida pandilla jalea sin piedad.

Súbitamente, deja de oír, de ver, de sentir. Solo recuerda su cuerpo cayendo libremente en el aire y luego hundiéndose en el agua helada de la piscina. Todavía no se explica qué le hizo vencer su miedo y ser capaz de saltar desde aquel acantilado, ¿o era un trampolín?

Imitación

Al niño le gusta imitar a los padres, a los profesores, a los compañeros, a los cantantes de moda, a los presentadores de televisión, a los animales, etc. Un crío pequeño se guarda chapas metálicas de botellas de refrescos, agita su mano dentro del bolsillo y simula el ruido de su padre con la calderilla. Llega a casa, finge que la mochila del colegio es la cartera de la oficina, besa a su hermana y remeda con voz grave «¿qué tal el día?».

De la misma manera que se organizan desfiles de moda para que los clientes se fijen en los trajes de los modelos en la pasarela y copien la forma de vestir, **un procedimiento eficaz para eliminar el miedo es que el niño vea a alguien relacionándose con el objeto temido.** Los procedimientos de imitación son muy flexibles, ya que permiten al modelo adaptar su actuación a las reacciones infantiles, simplificándola, repitiéndola o mostrando respuestas alternativas.

La tendencia infantil a observar la conducta de otras personas y repetirla posteriormente resulta muy útil. La madre se cepilla los dientes y el hijo imita el movimiento de arriba abajo enfrente del espejo. Una ventaja de este método es que aprenden muchos niños al mismo tiempo. Los alumnos miran atentamente a su maestro escribir en la pizarra la letra «m». Después la copian en sus cuadernos.

Los niños con miedo a las serpientes observan desde un lugar seguro a un modelo que demuestra valor porque vence su miedo y se atreve a realizar interacciones progresivamente más estrechas con una serpiente inofensiva. A continuación, tocan, acarician y sostienen el cuerpo de la serpiente, primero con guantes y después directamente con sus manos, mientras el modelo sujeta la serpiente por la cabeza y la cola. Posteriormente, cada uno de los observadores deja que la serpiente se enrosque libremente por su cuerpo, al principio con la ayuda del modelo y luego sin su ayuda.

Esta práctica se lleva a cabo de manera similar con otros animales, agua, altura, etc. Su efectividad es mayor si el modelo es otro niño del mismo género y edad, que también siente miedo, pero que, finalmente, supera su temor. Es menos probable que copien a adultos valientes, porque consideran que carece de mérito que los mayores se muestren seguros y sin miedo. Cuando se actúa delante de un grupo conviene utilizar varios modelos en lugar de uno solo para que cada observador se identifique con el modelo que más se le parece.

Leemos...

Fiestas de barrio

Jorge, de ocho años, siente pavor ante las explosiones. Su padre es capitán de la comparsa. Le gustaría no temer los petardos ni los cohetes y desfilar en las fiestas disfrazado junto a su amigo Valentín, que disfruta con el olor a pólvora y el ruido ensordecedor de la fusilería sarracena.

¿Se te ocurre alguna idea para que Jorge imite el arrojo que muestra Valentín?

Una solución se ofrece al final del capítulo, en la página 99.

Juegos y juguetes

Otra forma de ayudar es invitar al niño a que juegue en la situación o con el objeto temido. La excitación suscitada por juegos emocionantes debilita los temores infantiles. Es verdad que un niño asustado rehúsa jugar, pero también es cierto que si se le implica en actividades divertidas y cuando se halla emocionado se le propone llevar a cabo un pequeño acto de valentía es posible que se atreva y que, progresivamente, venza el miedo.

Juegos de rol

En los juegos de rol el niño actúa como si fuera otra persona. Igual que un consumado actor de teatro, se mete en el papel y se convierte en un personaje de ficción. Cuando juega a superhéroes ya no es Pedro, sino el valiente capitán al frente del centro de operaciones, dirigiendo la última carga mientras suena «tararí-rarí-rarí», y dispara su arma, «bang, bang», contra los malvados. **La tendencia infantil a representar papeles puede aprovecharse para superar el miedo a través del juego.**

En el *juego de los médicos* entregamos un botiquín de primeros auxilios con material sanitario: jeringuillas, vendas, algodón, alcohol, mercurocromo, etc., para que haga de enfermero con un muñeco de trapo al que tiene que curar o ponerle una inyección.

Leemos...

Mami, tus inyecciones duelen más

Una madre propone a su hijo pequeño jugar a los médicos para quitarle el miedo a las inyecciones. Utilizando mondadientes, ejerce presión creciente contra la piel del niño diciéndole que ese pinchazo es similar a la sensación producida por la aguja de la jeringuilla. Luego, entre risas, intercambian los papeles y la madre se deja curar. El día que le ponen la vacuna de la meningitis, la enfermera pregunta si le ha hecho daño.

—Ni lo he notado. Las inyecciones de mi madre duelen más —responde el niño.
—¿Es usted de la profesión? —quiere saber la enfermera.

La madre se ve obligada a aclarar ciertos extremos, que provocan la sonrisa comprensiva de la profesional sanitaria.

Algunos hospitales organizan actividades lúdicas y ponen a disposición de los pacientes pediátricos una sala con juguetes con el fin de que se familiaricen con la vestimenta, el instrumental y los procedimientos médicos.

Un juego de rol más elaborado son las *escenificaciones emotivas*. Se le pide al niño que elija personajes atractivos, que constituyen la base de la trama, extraídos de películas infantiles, series televisivas o dibujos animados que estén de moda. En el miedo a la oscuridad interpreta el papel de Aladín, si es chico, o el de Jazmín, si es chica, sus hermanos o amigos son sultanes, y uno de los padres el genio. Se escriben cartulinas en el dintel de cada una de las habitaciones: Desierto de Agrabah, Cueva de las Maravillas, País de los Seres Imaginarios, Reino de Gondor, Isla del Capitán, etc. El juego consiste en que custodie o encuentre tesoros escondidos en lugares cada vez más recónditos y oscuros. Se parte siempre de un sitio completamente iluminado, como la Alfombra mágica del salón. Si siente miedo, avisa al genio para que le ayude con una linterna. Si cumple su misión, es felicitado por todos, consigue su recompensa y recibe una pieza de un puzle de Aladín.

Leemos...

El gnomo saltarín

Martín, de cuatro años, experimenta miedo intenso a los truenos, cohetes y fuegos artificiales. En su ciudad natal y en su región de origen el empleo de petardos, carretillas o explosivos semejantes es costumbre inveterada. Su uso no se reduce a festejos populares, sino que cualquier acontecimiento cotidiano ofrece una buena excusa para lanzar cohetería y otros ingenios pirotécnicos.

Esta pasión por la pólvora condiciona la vida social del niño y de su familia. Suelen acudir los domingos al estadio para presenciar el partido de fútbol, donde, tan pronto como saltan los jugadores al césped, una sonora traca saluda al once local. Cada vez que el equipo de casa marca un gol, lo que ocurre de tarde en tarde en opinión del padre, socio e hincha furibundo, pero demasiado a menudo, disiente el hijo, un estruendo atronador recorre las gradas.

Durante las fiestas patronales, la familia se traslada a otra localidad por causa del miedo infantil. Acontecimientos sociales cotidianos, cumpleaños, primeras comuniones, bodas, etc., constituyen un problema, porque, al menor descuido, Martín, horrorizado, sale de estampida, cruzando la calle sin mirar o perdiéndose entre la muchedumbre, lo que ya les ha proporcionado varios sustos.

La historia de David, el gnomo, sirve de hilo conductor para el juego de escenificaciones emotivas. Una de las escenas se desarrolla de la siguiente manera en el campo:

David (el adulto) y su amigo el gnomo saltarín (el niño) son perseguidos por una jauría de peligrosos y malvados trolls. En su huida atraviesan un puente, y David decide volarlo por los aires para librarse del acoso de los horribles trolls. Ordena al gnomo saltarín que encienda la larga mecha de la dinamita (un petardo preparado). Obedece, pero se asusta al observar arder rápidamente la chispa y escuchar su chisporroteo. «¡David!», grita asustado. David apaga deprisa el fuego. Entonces le comunica con voz segura y pausada que él en persona va a explosionar la carga. Prende de nuevo la mecha, mientras le tranquiliza pues no va a ocurrir nada malo.

En esta segunda ocasión el gnomo saltarín no pronuncia el nombre clave en demanda de auxilio y, al estallar el trueno, los dos se ríen de los feos trolls que han caído al río, porque todo el mundo sabe que el agua les gusta menos que a los gatos. El gnomo saltarín es elogiado por su valentía, recibe una golosina que degusta y un punto de valor que se guarda en el bolsillo. Al final de la sesión de juego cambia los puntos por un maravilloso cuento de la vida de los gnomos, por una hermosa estatuilla del gnomo valiente o por otros atractivos premios.

Leemos...

Un ladrón en casa

Raúl, de seis años, siempre ha tenido miedo a la oscuridad y dificultades para quedarse dormido por la noche. Desde hace un par de meses el problema se ha agravado a raíz de un robo en la vivienda acaecido mientras la familia veraneaba en la costa. Raúl necesita dormir con la luz encendida y está contagiando el miedo a su hermana pequeña.

¿Puedes planificar un juego de rol para que Raúl supere su miedo a la oscuridad? Una solución se ofrece al final del capítulo, en la página 100.

Juegos de valor

Los juegos se plantean como un reto al valor infantil. El objetivo de la *Olimpíada de los valientes* es batir récords. Se inicia con una prueba preliminar. El niño entra en su cuarto y se sienta tranquilamente en la cama junto al interruptor de la luz. Los padres le dicen: «Vamos a hacer una prueba. Vamos a salir ahora de la habitación y a cerrar la puerta. Cuando oigas "¡tiempo!'", apagas la luz y cuando sientas miedo la enciendes. ¿Has entendido?». Los padres abandonan el dormitorio, dan la señal convenida y ponen el cronómetro en marcha en el momento en que comprueban por la rendija de debajo de la puerta que el niño apaga la luz. Cuando enciende la luz, paran el cronómetro y anotan el tiempo, por ejemplo veinte segundos, con un rotulador de vivos colores en un termómetro gigante dibujado en una cartulina colocada verticalmente en el pasillo, justo enfrente de la puerta de la habitación. A continuación, le dan permiso para salir. Los padres le indican: «¿Ves el termómetro de valor? Has aguantado veinte segundos tú solo a oscuras. Ahora vuelve a entrar e intenta superar esa marca».

En ese momento comienza el juego de verdad. Mientras el niño se encuentra en la situación temida se le anima a resistir. Si supera los veinte segundos, los padres resaltan en el termómetro con otro color que contraste el aumento logrado, de modo que al abandonar el cuarto recibe la grata sorpresa de ver el tiempo que ha permanecido de más en la oscuridad. Los padres le felicitan inmediatamente con la misma efusividad que harían si fuera un atleta de verdad que bate el récord mundial en las olimpíadas. En esa situación, la mayoría de los progenitores se sienten tremendamente orgullosos de su hijo y además de exclamar ¡prueba superada, récord batido!, explotan de alegría, saltan de gozo, lanzan vítores, prorrumpen en frases de admiración, ¡bravo, campeón!, ¡enhorabuena!, ¡sabía que lo conseguirías!, ¡eres el más valiente del mundo, Facundo!, ¿ves como sí te atreves?, silban de júbilo, hacen el signo de la victoria con los dedos, abrazan al fenómeno, le dan palmaditas cariñosas, le guiñan un ojo, le sonríen efusivamente, etc.

Si el niño «pincha» y no bate el récord, el termómetro no refleja ninguna ganancia. Los padres, con rostro sereno y voz calmada, le invitan a que lo intente de nuevo. Conviene transmitir tranquilidad y un único mensaje muy breve, como «no pasa nada, venga otra vez», o «no hay que desanimarse, verás cómo lo consigues ahora», o «es normal tener un fallo, vuelve», o «hasta el mejor futbolista lanza un penalti a las nubes, repite». **Las peroratas extensas, los discursos moralizantes, los consuelos reiterados, los razonamientos justificadores y las excusas exculpatorias caen en contradicción porque, por un lado, se dice que carece de importancia y, por otro, se le presta atención exagerada.** A los niños que, debido a su intenso miedo, les cuesta o colaboran escasamente, además de elogios y muestras de afecto, se les puede entregar un pequeño obsequio. Igual que en los entrenamientos atléticos, las pruebas hay que ensayarlas repetidamente, por lo que se recomienda que los incentivos sean elementos de un conjunto, como piezas de rompecabezas, cromos de colección, naipes de baraja infantil, sobres sorpresa, calcomanías, etc.

Durante las primeras pruebas se puede ayudar con retroalimentación verbal y expresiones de aliento: «solo te falta un poco, llevas quince segundos, dieciseis, dieciocho, resiste que estás a punto de conseguirlo, veintiún segundos, ¡muy bien, fenomenal!, has batido el récord de valentía, sigue machote, a ver hasta dónde llegas» o «estás a punto de conseguirlo, diez segundos, sigue, venga, que tú puedes, un poco más, trece segundos, ¡a-la-bí, a-la-bá, a-la-bín-bom-bá! Mariluz, Mariluz y nadie más, dieciocho, diecinueve, veinte, veintiuno, ¡BIEN!, has batido el récord, continúa».

Esta información es de gran ayuda al principio del juego, que es cuando más cuesta permanecer en la oscuridad. Sin embargo, corremos el riesgo de que al saber que ha batido el récord (y ganado el premio) no se esfuerce más y encienda la luz. Para prevenir este peligro a medida que avanza el juego y el niño se atreve cada vez más, se anima desde fuera, «lo estás haciendo muy bien», pero sin informar del tiempo. La incertidumbre sobre si ha superado o no la prueba le obliga a estar más rato a oscuras para asegurarse el récord. En la fase final del juego los padres permanecen en silencio sin proporcionar ánimo ni retroalimentación durante la prueba, limitándose a señalar los progresos en el termómetro y a alabarle al final de la prueba si bate el récord.

El juego se practica de diez minutos a media hora, dependiendo de la edad y del estado del niño (y de los padres), por la noche antes de cenar, al menos tres veces por semana en días alternos. Si el niño lo desea, se puede jugar más veces, aunque los domingos conviene descansar. Al finalizar algunas sesiones de juego en las que se ha comportado de forma especialmente valerosa se procede a la ceremonia de entrega de trofeos. Se invita a asistir al acto a los residentes y a las visitas ocasionales. Se dispone un cajón con el número uno en medio de la habitación, se hace subir al niño a lo más alto del podio mientras suenan los acordes del himno olímpico. Uno de los padres entra portando sobre un pomposo cojín la medalla de oro al valor, comprada en (casi) «todo a un euro», mientras el otro se la impone con solemnidad. Otra opción son copas, placas y otros trofeos procedentes de vitrinas y trasteros polvorientos. El público, cuanto más mejor, prodiga una cerrada ovación y vitorea al campeón de la valentía.

Antídotos

Además de los estados originados por el juego o la relajación, es posible suscitar en el niño emociones y sensaciones que se contrapongan a su miedo.

Enfado

Los animales, cuando reaccionan con agresividad, atacan, mientras que si están asustados, huyen, de modo que la ira es una antagonista del temor. Resulta difícil sentir simultáneamente mucho enfado y mucho miedo hacia la misma cosa. Por tanto, se puede enseñar a un crío a mostrar rabia ante el objeto temido.

La *ira inducida* es un antídoto de esta clase. ¿Cómo se aplica a un niño que después de ver una película de terror experimenta miedo a la oscuridad porque recuerda imágenes atemorizantes? Se le pide que dibuje a Drácula, el protagonista de la película, y se le anima a romper el papel, a tirarlo al suelo, a pisotearlo, a proferir frases iracundas. Además, se le sugieren diversas acciones para cuando sienta miedo a oscuras, como encender una linterna o una lamparita, comer algún alimento apetitoso del frigorífico, escuchar la radio de la mesilla de noche, ojear su cuento favorito...

Una actividad complementaria es adherir la figura de Drácula a un almohadón para que se desfogue infligiéndole una severa paliza con guantes de boxeador. Si practica artes marciales, un ejercicio interesante es fijar en la pared la silueta de Drácula, el chaval se concentra y le propina series de golpes y patadas acompañadas de gritos propios de las técnicas de defensa personal.

Alegría

El procedimiento radica en transformar aspectos aterradores en características graciosas mediante el dibujo, la imaginación o la broma. Un semblante fiero se maquilla como un payaso, un personaje tremebundo termina pareciendo cómico, una cosa inquietante es tema de chiste. **El humor es un antídoto para el miedo.** Es improbable alegrarse y temer al mismo tiempo un objeto específico. La risa abierta se opone al temor.

Así, se caricaturiza a un extraterrestre de ojos rasgados y oblicuos de «malvado», dibujándole una narizota graciosa, una amplia sonrisa, cejas horizontales y enormes orejas, de modo que los ojos atemorizantes se transformen en un simpático rostro. Luego, se le pide al niño que se imagine los ojos y los demás elementos faciales que lo ridiculizan hasta conseguir que se ría.

Seguridad

<u>**Las sensaciones de seguridad suscitadas por la compañía de los padres contrarrestan el miedo.**</u> Sin embargo, es fundamental que los padres conserven la calma; de lo contrario, se obtiene el resultado opuesto y el niño se altera más. Unos padres que se muestren serenos en un reconocimiento médico infunden tranquilidad a su hijo, pero si se ponen nerviosos, circunstancia que el niño capta rápidamente, el efecto es contraproducente. Los padres transmiten su propio estado de ánimo, relajación si se encuentran relajados, temor si están atemorizados. Esta es la razón por la que a veces el personal sanitario prefiere que los padres no se hallen presentes durante un procedimiento médico, puesto que el crío se comporta mejor y colabora más en ausencia de unos progenitores sobreprotectores o impresionables.

Leemos...

¡Yo, bien, gracias!

Estrella, de nueve años, es muy vivaracha y bullebulle. Constantemente inventa juegos y travesuras para delicia de sus compañeros, como aquel día que soltó una araña peluda al entrar la señorita Socorro en clase. En el apartado «hazañas infantiles» de su currículum vitae consta que ya prometía desde bien pequeña, al desatornillar las tuercas que fijaban la taza del váter al suelo del cuarto de baño.

Una de sus diversiones favoritas es deslizarse por el pasamanos de la escalera de su edificio. Al regresar del colegio la tarde de autos, el portero no vigilaba. Se propuso llevar a cabo un experimento. Probaría boca arriba en lugar de boca bajo. Dicho y hecho. Se encaramó a lo más alto y resbaló sentada de cara al grito de «¡que voyyyyyyyy!». Por desgracia, don Sixto, vecino del quinto, acababa de salir a la calle dejándose distraídamente abierta la puerta. La catástrofe fue inevitable. A una velocidad de tres tramos de barandilla por decena de segundos, el impacto fue dramático. Su frente chocó contra el canto de la puerta. Estrella vio su nombre dibujado en colorines mil. Brotó sangre roja a borbotones por una brecha. Notó chorretes calientes bajándole por las sienes, mejillas...

Subió los peldaños de dos en dos barruntando una excusa para aplacar la bronca de su madre por mancharse el uniforme. Pulsó al timbre. Apareció en el umbral

> mamá, a quien no le dio tiempo a decir nada, palideció, puso los ojos en blanco y cayó sobre el kílim del recibidor cual saco de patatas. Corrió al piso de enfrente. Llamó a la puerta. Salió la vecina. «Pero, niña, ¿qué te has hecho? Hay que llevarte enseguida a urgencias». Estrella, limpiándose con un pañuelo, «yo estoy bien, gracias; corra, corra, la que necesita auxilio es mi madre».

También se afirma que se siente menos miedo acompañado que solo. Pero, como en el caso de los padres, depende del comportamiento del grupo. Un líder osado que se adelanta reduce el miedo efectivamente. Una muchedumbre asustada desencadena el pánico, como sucede en las catástrofes de masas.

Comida

Si un animal está comiendo y percibe una señal de peligro, el olor de un depredador o la sombra de una rapaz, interrumpe automáticamente la comida y se pone en estado de alerta, tenso y vigilante.

En épocas de exámenes, algunos estudiantes se convierten en zampabollos, mientras que a otros se les cierra el estómago. Este fenómeno ilustra la relación entre comer y temer. La comida combate la ansiedad. Algunos obesos reconocen devorar alimentos en situaciones de estrés, y a la inversa.

Es posible predecir quién ganará la batalla. Si el temor es débil, la comida ayuda a superarlo. Si el miedo es fuerte, entonces se pierden las ganas de comer. Por este motivo es recomendable, durante las comidas, charlar distendidamente y evitar los disgustos. De hecho, una impresión muy fuerte puede provocar un corte de digestión.

Para asegurar el éxito se contraponen alimentos muy apetitosos con bajas dosis de miedo, lo que se consigue utilizando dosificaciones, como en el caso Romeo y Julieta de ansiedad por separación descrito en este capítulo, o el caso de El miedo de Pedro, a los conejos del capítulo dos.

Relajación

El elemento subjetivo o reacciones internas de miedo se compone de sensaciones de malestar y sentimientos de temor, por un lado, y de pensamientos negativos sobre los peligros que encierra la situación atemorizadora, por otro. Consecuentemente, un arma terapéutica muy recomendable es enseñar al niño a combatir su nerviosismo y su preocupación.

La relajación se considera la *aspirina psicológica*. Al igual que el ácido acetilsalicílico está indicado para la fiebre, dolor de cabeza, prevención del infarto, etc., la relajación posee múltiples usos en psicología clínica, estrés, insomnio, etc. Una de sus aplicaciones más comunes es la ansiedad, puesto que a más relajación, menos nervios, y viceversa.

 **Consejos**

Guion para la enseñanza de la relajación infantil

a) **Posición de relajación: sentado**

Se sienta al niño en una silla baja, de modo que sus pies descansen en el suelo sin cruzar las piernas. Se le indica que mantenga la cabeza ligeramente inclinada hacia adelante y las muñecas sobre los muslos con las palmas de las manos mirando a la respectiva cara interna del muslo.

Procedimiento de relajación:

Con cada parte del cuerpo se procede de la misma forma: el instructor la tensa y el niño comprueba la tensión, la relaja y el niño constata la relajación. Luego, se invierten los papeles.

Ejercicios de relajación:

1. Brazos: se muestra al niño los brazos extendidos y los puños cerrados con fuerza. Se le pide que toque nudillos, muñecas, antebrazos, codos, bíceps, hombros y que note la tensión. Luego, se regresa a la posición de relajación, se aflojan los músculos y se posan las muñecas sobre el muslo correspondiente.

Se le dice al niño que palpe el brazo y compare la diferencia. Antes esfuerzo, tensión; ahora descanso, relajación. Se intercambia la actividad. El niño extiende sus brazos y se observa que los mantiene rígidos. A continuación, los suelta y se aprecia que lo relaja.

2. Cabeza: se intenta concentrar la tensión en la punta de la nariz, tirando de la frente hacia abajo, cerrando con fuerza los párpados, arrugando la nariz, apretando los dientes y labios y acercando la barbilla al pecho.

3. Tronco: se echan los hombros hacia atrás aproximando las paletillas, se pone rígido el pecho, se encoge el abdomen como cuando alguien se prepara a recibir un golpe en la boca del estómago.

4. Piernas: siguiendo el procedimiento general de tensión-relajación, se lleva a cabo la demostración para que el niño la imite, consistente en extender las piernas y doblar los pies hacia atrás pretendiendo tocar la pierna con la punta del pie.

Ejercicios de respiración:

Con la boca cerrada el niño toma aire lenta y profundamente por la nariz (inspiración), lo retiene en los pulmones unos cinco segundos y lo suelta por la boca emitiendo un ruido relajante similar a una suave brisa (expiración). Coincidiendo con la salida del aire, el niño se repite mentalmente: «relax, relaxss, relaxssss…».

b) Posición de relajación: de pie

Se instruye al niño para que se plante en posición de firmes.

Ejercicios de relajación:

1. Parado: se le enseña a tensar todo el cuerpo a la vez, como si fuera una marioneta a la que le estiran de los hilos, cejas, ojos, hombros, etc., hacia arriba, pies de puntillas. Seguidamente, como si soltaran los hilos de la marioneta, el niño simula que se viene abajo con suavidad y a cámara lenta.

2. Andando: se le ordena que desfile como un soldadito de plomo, un robot o un autómata, rígido, tenso, sin doblar las extremidades, y luego que se mueva como un muñeco de trapo o una figura de plastilina, flexible, relajado, flácido.

Recomendaciones generales para el entrenamiento en relajación infantil:

— Programa sesiones cortas y frecuentes: diarias, de diez a quince minutos de duración.

— Elimina estímulos distractores del ambiente: a solas, en un cuarto sin televisor, sin juguetes, etc.

— Usa un lenguaje familiar y adapta las instrucciones a la edad del niño: órdenes sencillas, etc.

— Tranquilízale con la aclaración de que puede interrumpir el procedimiento si lo desea.

> — Enseña la relajación como un juego y con ayuda de juguetes: matasuegras para la respiración, muñecos para la relajación, etc.
> — Opcionalmente, dependiendo de cada caso, emplea música relajante y masaje.
> — Entrega un audio con los ejercicios y unos auriculares para practicar.
> — Dispensa muestras de cariño: elogios, sonrisas, contacto físico, etc.
> — Proporciona pequeños obsequios: chucherías, cromos, insignias, etc.

La relajación se enseña para que el niño la aplique en situaciones estresantes que producen temor. Se le indica que se relaje cuando se encuentra en el sillón del dentista, en la camilla camino del quirófano o en la cama a oscuras. También resulta un eficaz antídoto contra muchos miedos.

La enseñanza de la relajación es complicada con niños pequeños, porque suelen experimentar dificultades para concentrarse en las sensaciones de distensión o para permanecer inmóviles durante varios minutos. Entre los 9-11 años, el desarrollo psicomotor y cognitivo infantil permite efectuar el entrenamiento normalmente. Por debajo de estas edades es preferible emplear otros métodos.

Mentalización

En situaciones atemorizantes, los niños tienen pensamientos e imágenes que interfieren en la conducta adaptada e incrementan su nivel de miedo. Ante los procedimientos médicos, como una inyección o una restauración dental, anticipan consecuencias negativas: «el dolor será insoportable», o se repiten consignas de huida: «me quiero ir de aquí ahora mismo». En la fobia a la oscuridad se imaginan seres aterradores, como ogros, dragones o lobos de cuento.

Las *autoinstrucciones* se usan para combatir las preocupaciones. Se instruye al **niño para que, cuando se encuentre en la situación temida, se diga a sí mismo frases de ánimo que resalten su sensación de**

control: «soy un chico valiente», «puedo cuidar de mí mismo en la oscuridad», «soy capaz de quedarme a oscuras». También se ensayan expresiones que minimizan el carácter atemorizante de la situación: «la oscuridad es un sitio divertido para estar», «hay muchas cosas buenas en la oscuridad», «la oscuridad no es peligrosa».

Este método sirve para enseñar a afrontar procedimientos médicos estresantes o dolorosos, aunque el entrenamiento es más complejo. El acontecimiento se divide en cuatro momentos clave y se ensayan auto-declaraciones breves para cada fase.

Consejos

Frases de mentalización para afrontar intervenciones médicas atemorizantes

1. **Preparación:** antes del acontecimiento atemorizante, la mañana de la operación o de camino a la consulta del dentista.
   — «Dentro de un rato ya habrá pasado todo».
   — «Tengo que acordarme del truco que sé para relajarme».
   — «Tranquilo, todo va a ir bien».
   — «Voy a imaginarme que estoy jugando con mis amigos».

2. **Confrontación:** durante el acontecimiento atemorizante, trasladándose al quirófano o en el sillón del dentista.
   — «En este hospital operan todos los días y no pasa nada».
   — «Es un buen cirujano».
   — «Estoy en buenas manos. No tengo que preocuparme».
   — «Si empiezo a notar daño, me ha dicho que le avise enseguida».

3. **Afrontamiento de momentos críticos:** en instantes de máximo miedo, inducción de la anestesia o accionamiento del taladro dental.
   — «Respiro profundo y me relajo».
   — «Me distraigo y pienso en algo agradable».
   — «Cierro los ojos y veo el mar, c-a-l-m-a, c-a-l-m-a...».
   — «Duele un poco, pero yo aguanto esto y mucho más».

4. **Resolución:** después del acontecimiento estresante, en la sala de recuperación o enjuagándose la boca.
    — «¿Has visto? ¡No es tan fiero el león como lo pintan!».
    — «¡Yupiiii! Se lo tengo que contar a mis amigos».
    — «Perfecto. La próxima vez no me asustaré».
    — «He estado un poquitín nervioso, pero me he controlado».

A los niños pequeños se les indica que repitan continuamente una frase, como «calma, no pasa nada», que tiene un efecto distractor más que mentalizador. Así mismo, se les pide que imaginen escenas agradables, como un paseo en bicicleta, o relajantes, como contemplar un riachuelo en la montaña.

Felicitaciones y premios

Cuando se ha conseguido que el niño se acerque al objeto temido en lugar de alejarse, hay que lograr que repita una y otra vez ese comportamiento hasta la completa eliminación del miedo. Para lograr este objetivo se deben elogiar siempre los avances y, si se estima oportuno, añadir incentivos como actividades divertidas u otras recompensas por sobreponerse al miedo.

Los puntos de valor

Son vales simbólicos que se otorgan por el comportamiento valeroso y, posteriormente, se canjean por diversos premios.

Consejos

Reglas para un sistema de puntos de valor

— Especifica las conductas valientes que van a ser recompensadas con puntos de valor. El procedimiento más sencillo es usar una dosificación.

— Elige los puntos de valor que van a ser entregados. Procura que sean atractivos y adecuados para la edad del niño. Con críos pequeños no es recomendable diminutos objetos llamativos con riesgo de atragantamiento. Algunas ideas: estrellas, insignias, fichas de colores, piezas de cartulina plastificadas, tarjetas con la leyenda «mérito al valor otorgado a _____», dinero de juguete del *Monopoly*, etc.

— Selecciona los premios canjeables por puntos de valor. Tienen que ser muy apetecidos por el niño. Son apropiadas cosas que combaten el miedo, como alimentos, o que se relacionan con el juego, como un cronómetro en la «Olimpíada de los valientes» o un cómic del héroe protagonista de las escenificaciones emotivas. Sugerencias para su adquisición a bajo coste:

   a) Chucherías y golosinas.
   b) Baratijas de los quioscos.
   c) Productos de tiendas «todo a un euro».
   d) Artículos de propaganda: agendas, bolígrafos, calendarios, carteras, pegatinas, etc.
   e) Objetos coleccionables: tarjetas, sellos, monedas, postales, cromos, etc.
   f) Juegos con muchas piezas: barajas, mecanos, ajedrez, damas, parchís, dominó, etc.
   g) Juguetes desechados por los hijos de sus amistades.

— Pon precio a los premios, de manera que haya baratos y caros. Conviene que existan premios que solo valgan un punto, para que cualquier intento de superación del miedo, por pequeño que resulte, sea recompensado. Los precios no se fijan por el coste real de los premios, sino por el interés del niño, es decir, los más deseados son los que más valen.

— Aclara las normas de funcionamiento. Deben ser claras y sencillas. Un método práctico es:

   a) Comportamiento muy valiente: el niño gana un superpunto (valor doble) si cumple la orden inmediatamente sin mostrar miedo.

b) Comportamiento valiente: el niño gana un punto (valor simple) si prueba a realizar la acción, pero sin ejecutarla satisfactoriamente, porque se retrasa, no la termina o manifiesta temor.

c) Comportamiento menos valiente: el niño no gana ningún punto si no se esfuerza absolutamente nada para efectuar el paso que se le propone.

— Controla el canje de puntos de valor. Al final de la sesión el niño canjea los puntos de valor ganados por los premios que prefiera. También los puede ahorrar, todos o algunos, para adquirir un regalo más valioso. Lleva la cuenta por escrito de los puntos de valor entregados, canjeados y ahorrados.

Indiferencia

El niño emplea múltiples estrategias para escapar o evitar las situaciones temidas: se queja de que le duele la barriga o la cabeza para no ir al colegio, llora cuando los padres le comunican que tiene que dormir en casa de los tíos porque se marchan de viaje, se pasa a la cama de los padres por la noche, etc. A pesar de que se esté ayudando al niño a vencer el miedo, es probable que continúe recurriendo a las viejas tretas que tan buenos resultados le dieron en el pasado. Si sucede, no se le debe reñir. A fin de cuentas, el miedo es una reacción involuntaria. El comportamiento más apropiado es tener paciencia y hacerse el sordo y el ciego; es decir, los padres fingen que no oyen las quejas ni ven las rabietas del hijo. Por el contrario, celebran con enorme alharaca y algazara cualquier acción del niño, por insignificante que sea, dirigida a superar el miedo.

Más vale prevenir que curar

En este capítulo de la guía se enseñan pautas de actuación para que los padres ayuden a sus hijos a vencer el miedo. En los dos capítulos siguientes se expone la aplicación combinada de estas estrategias para superar miedos tan comunes como la oscuridad, la separación o los temores relacionados con el colegio. A continuación, se ofrecen orientaciones para impedir que aparezcan nuevos temores y se consoliden.

Consejos

Un gramo de prevención vale más que un kilo de curación

— Educa positivamente, empleando elogios e incentivos en lugar de amenazas y coacciones.

— Realiza cambios de forma gradual para acostumbrarle a situaciones nuevas. Una idea es visitar con él la escuela infantil antes del primer día de curso.

— Prepárale para acontecimientos difíciles, como intervenciones quirúrgicas o la muerte esperada de un familiar anciano.

— Procura que no sucedan asociaciones indebidas. Así, tranquiliza a oscuras al niño, si es necesario encienda la luz después, no antes, de calmarlo.

— Evita que sufra experiencias negativas y repentinas, como sustos a oscuras.

— Selecciona películas infantiles apropiadas para su edad, cuidando que no vea filmes de terror o de violencia indiscriminada.

— Mantén la compostura y disimula tus propios temores en presencia del niño.

— Escoge lecturas infantiles adecuadas, especialmente las que protagonizan niños que se sobreponen a sus miedos.

— Cuéntale historias agradables y abstente de relatos truculentos o atroces.

— Piénsalo dos veces antes de otorgar ciertas concesiones, como permitir que se pase a dormir a la cama contigo.

— Intenta conservar la calma y no perder los nervios en situaciones de estrés, por ejemplo cuando tu hijo tiene una rabieta en la sala de espera del dentista.

— Resta importancia a las manifestaciones normales de temor del niño.

— Entrénalo en valentía, animándole a que afronte poco a poco situaciones que provocan ligero temor.

— Resalta los comportamientos valerosos del niño.

— Fomenta que sea él quien soluciona las dificultades con tu ayuda, pero no le des siempre resueltos los problemas.

Advertencia a padres

Una pareja novata empezó con cinco teorías y ningún hijo para terminar con cinco hijos y ninguna teoría. Estos padres ilustran la frecuente contradicción entre conocimiento y comportamiento. Saber educar es complejo, pero llevarlo a la práctica mucho más. Pequeños fallos ni entrañan consecuencias graves, ni crean traumas infantiles cuando sistemáticamente se emplean pautas educativas apropiadas. El uso metódico de las estrategias de esta guía es suficiente para que la mayoría de los niños superen felizmente sus temores. Solo unos pocos miedos necesitan intervenciones especializadas. Si a pesar del arrojo y del esfuerzo de los padres el problema persiste, no hay que asustarse. Consulta las lecturas que se recomiendan al final de la guía y, en caso necesario, solicita la ayuda de un profesional. Si no conoces ningún especialista, puedes dirigirte a la delegación del Colegio Oficial de Psicólogos más próxima. Por suerte, los psicólogos clínicos disponen de un poderoso arsenal de armas terapéuticas para combatir las fobias y los trastornos de ansiedad en la infancia.

Soluciones a los ejercicios

Una solución para Juan sin miedo

De lunes a sábado, antes de la cena, cuando haya anochecido, practica con Juan de diez a quince minutos. Pídele que se tumbe en la cama como si fuera la hora de dormir. Infórmale de que vas a dejar la luz encendida, salir del dormitorio y cerrar la puerta dejando tan solo una pequeña rendija de abertura. Anímale a ser valiente y permanecer en la habitación, pero aclárale que si tiene miedo debe llamarte. Abandona el cuarto y cronometra dos minutos. Si durante ese tiempo no te llama, felicítale efusivamente por su valentía. Si te avisa, por ejemplo, transcurridos cuarenta segundos, entra inmediatamente y tranquilízalo. A continuación, proponle aguantar el paso inmediato anterior, es decir, treinta segundos. Cuando consiga esta meta, pasa a sesenta segundos, y así sucesivamente. Continúa de la misma forma hasta completar la dosificación que se describe a continuación.

Dosificación			
Pasos	Intensidades	Situaciones	Tiempos
1.º–5.º	Lámpara del dormitorio	Puerta entornada (rendija)	5 s, 10 s, 30 s, 60 s, 120 s
6.º–10.º	Flexo o linterna	Puerta entornada (rendija)	5 s, 10 s, 30 s, 60 s, 120 s
11.º–15.º	Luz del pasillo	Puerta abierta	
16.º–20.º	Luz del pasillo	Puerta semicerrada (45°)	5 s, 10 s, 30 s, 60 s, 120 s
21.º–25.º	Luz del pasillo	Puerta entornada (rendija)	5 s, 10 s, 30 s, 60 s, 120 s
26.º–30.º	Luces apagadas	Puerta entornada (rendija)	5 s, 10 s, 30 s, 60 s, 120 s

Una solución para Cosas de bombero

Mariano disfruta con *Los tres mosqueperros*. El cuento se basa en esta película de dibujos animados. Una escena de la dosificación es la siguiente:

«Tú y tus compañeros habéis conseguido entrar en el palacio del cardenal Richelieu sin ser vistos por los guardias. Entráis juntos en la cocina sin hacer ruido. De pronto, un cocinero se vuelve y os descubre, pero antes de que dé la voz de alarma, tú, el valiente Amis, das un gran salto y le tapas la boca con tu mano. Ponthos y Dogos lo atan y lo amordazan para que no escape ni grite. D'Artacán te felicita por lo rápido y valeroso que has sido y te da el veneno para que lo eches en la comida del cardenal, que se está calentando en un puchero encima de un pequeño fogón de la cocina. ¿Te da miedo?»

Una solución para Creaciones Disney

La profesora elige niñas y niños del centro que no tienen miedo. Filma con un vídeo doméstico diez cortometrajes de tres minutos en los que los protagonistas disfrutan jugando con los perros y realizando actividades que implican un contacto cada vez más estrecho con los animales. Diariamente celebra una pequeña fiesta en clase. Decora el aula con pósteres de perros y con globos. Reparte sombreros de vistosos colores, galletas y pequeños premios. Lee cuentos de animales y organiza juegos de imitación de sonidos animales, incluyendo ladridos. En este ambiente festivo proyecta las películas. Los primeros días ven secuencias en las que la relación con los perros es menor, y los siguientes contemplan escenas de mayor dificultad.

Una solución para Fiestas de barrio

En un espacio al aire libre, Jorge observa a Valentín, modelo a imitar, acercándose cada vez más a la fuente sonora, de acuerdo con la siguiente dosificación:

1. Valentín se sitúa a una distancia de ocho metros mientras el padre de Jorge explosiona globos.
2. Valentín se acerca a cuatro metros y el padre de Jorge continúa explosionando globos.
3. Igual que el paso 2.°, pero a dos metros.
4. A metro y medio.
5. A un metro.
6. A medio metro.
7. Valentín se coloca junto al padre de Jorge.
8. Valentín explosiona globos.

Después de un rato, invitan a Jorge a que se aproxime y explosione globos. Repiten la operación con estímulos sonoros progresivamente más intensos: bolas recubiertas de pólvora que explosionan al entrechocar, cartuchos cónicos que explosionan tirando de una cuerda ubicada en el extremo y arrojan confeti o pétalos de flores, petardos con mecha, sin mecha, etc.

Sugiera a Valentín que aparente ligero miedo en momentos cruciales, por ejemplo que dude en avanzar, que cierre los ojos, que retroceda un paso, que se tape los oídos, etc., pero que, seguidamente, realice la demostración y termine manifestando alegría con la actividad.

Una solución para Un ladrón en casa

A Raúl y a su hermano mayor de ocho años, que no tiene miedo a la oscuridad, les gustan mucho los muñecos de la colección *Masters del Universo*. El reparto de papeles que se acuerda es el siguiente: Raúl elige ser un guerrero osado llamado *Orko,* el hermano *Hombre-Arma (Man-At-Arms)* y el adulto *He-Man,* un héroe muy valiente que no tiene miedo a nada.

El juego consiste en que *He-Man* acompañe con su nave espacial a *Orko* a otros planetas (dependencias de la casa), mientras *Hombre-Arma* custodia la base (la cocina). *He-Man* manda a *Orko* que realice él solo misiones cada vez más importantes (tiempos más prolongados en condiciones de mayor oscuridad). Si *Orko* vence su miedo y lleva a cabo con éxito una misión, es felicitado y recompensado con puntos, con los que gana premios, por ejemplo un *Máster del Universo.* Si *Orko* no soporta el miedo, solicita ayuda a la base por medio de un *walkie-talkie.* De inmediato, *He-Man* y *Hombre-Arma* acuden al rescate. La acción se repite, pero ahora es *Hombre-Arma* el encargado de vigilar el tesoro a oscuras para evitar ser descubierto por *Skeletor* y sus diabólicos esbirros. Después de la demostración, *Orko* lo intenta nuevamente alentado por sus compañeros de aventura. El juego se repite las veces que sea necesario hasta que *Orko* supere la prueba y concluya felizmente la misión.

4
¿Cómo actuar en el miedo a la oscuridad?

Qué hacer

- ☑ Establece un horario de sueño.

- ☑ Crea una rutina familiar a la hora de acostarse.

- ☑ Regálale un peluche.

- ☑ Déjale encendida una pequeña luz y apágala con el tiempo.

- ☑ Comparte actividades lúdicas por el día como jugar a las tinieblas.

Qué no hacer

- ☒ No le cuentes historias truculentas.

- ☒ No des voces ni hagas aspavientos cuando le relates o le leas un cuento.

- ☒ No propongas actividades físicas o muy excitantes antes de dormir.

- ☒ No permitas que se lleve a la cama el móvil o la tableta.

- ☒ No enciendas la luz y tranquilízale en penumbra si se despierta asustado.

El miedo a la oscuridad

El miedo a la oscuridad es muy frecuente en la infancia. Uno de cada tres niños pequeños teme la oscuridad. Por suerte, los bebés no tienen miedo a la oscuridad. Sin embargo, pronto hace su aparición, alrededor de los dos años, y continúa siendo frecuente en edades posteriores, hasta los nueve años.

Existen remedios simples para miedos cotidianos como la oscuridad. Los padres se quedan en la habitación hasta que se duerme o dejan la luz del pasillo encendida. Hay niños que superan su temor de esta forma. Pero, en ocasiones, las cosas se complican hasta extremos insospechados.

Leemos...

El fantasma en el pasillo

Esther, de cuatro años, había tenido dificultades para dormirse desde pequeñita. En su primer cumpleaños, los padres pintaron el cuarto de la nena en tonos pastel e instalaron la cuna, esperando que al ser mayor y dormir sola se solucionaría el problema. Pero su sueño continuó siendo interrumpido. Gimoteaba y pedía «cheche», obligándoles a tener siempre un biberón preparado. Según su madre, la niña sufría pesadillas porque lloraba sin llegar a despertarse. Con el paso del tiempo, empezó a quejarse cuando se hallaba a oscuras. «Te llama a ti, mira a ver qué tiene», «levántate tú, que yo estoy durmiendo», asaltos de esgrima dialéctica cada vez más disputados entre combatientes paternos. Con el fin de sobrevivir a las «noches toledanas», hacían turnos de imaginarias.

La primera vez que apareció por el dormitorio de los padres la riñeron con un recriminatorio «¿cómo has hecho eso?». Sin inmutarse, Esther se dirigió a su cuarto, se metió en la cuna y les dijo: «así», al tiempo que repetía la acción de encaramarse a la alta valla y dejarse caer con suavidad al suelo. A partir de entonces adquirió la mala costumbre de pasarse a la habitación de sus padres cuando se despertaba de madrugada.

El *ménage à trois* resultaba incómodo porque se movía constantemente en el lecho conyugal propinando patadas a diestro y siniestro, o sea, a mamá y papá. Pero el mayor susto estaba aún por llegar. Una noche invernal, en el fragor de la batalla amorosa, ninguno de los progenitores la oyó llegar. Su diminuta silueta, de la que colgaban unas mangas de pijama excesivamente largas, se recortó contra la penumbra del pasillo. ¡Horror! «Yo también quiero jugar», dijo con voz inocente, confundiendo a todas luces peras con manzanas. A su padre se le ocurrió la ingeniosa idea de instalar un carillón junto a la puerta del dormitorio infantil, que les previniera de situaciones embarazosas.

La hora de irse a la cama

El momento de acostarse coincide con el fin de actividades placenteras y el comienzo de cosas desagradables. La orden «a ponerse el pijama, que es tarde» supone concluir de jugar, de ver la televisión, de estar con los mayores y separarse de los padres para quedarse solo en la habitación a oscuras. Si el niño no se cae de sueño, vive la experiencia como una especie de exilio e intenta retrasar ese instante funesto. Remolonea, suplica «un poquito más», llama «ven, tengo que decirte una cosa muy importante», pide «pipí, agua, frío, calor».

La oscuridad funciona como un castigo. La despedida nocturna conlleva el cese de la diversión y el inicio de acontecimientos aburridos o fastidiosos. **El temor a la oscuridad se asocia con miedos diferentes, como separación, soledad, malvadas criaturas fantásticas (ogros, monstruos, extraterrestres), violencia y agresión física (ladrones, criminales).** Cuando se hallan en la cama a oscuras, algunos niños se tranquilizan al escuchar ruidos nocturnos, porque piensan que sus padres se encuentran en casa y no les han abandonado, mientras que otros se sobresaltan al interpretar que los ladrones han forzado la puerta y se acercan sigilosamente.

Miedo a la oscuridad y problemas de sueño

Las pesadillas son sueños aterradores cuyo contenido gira en torno a amenazas para la propia supervivencia o seguridad; por ejemplo, que un león persigue y ataca al niño o que cae en el vacío. Se despierta asustado, se espabila con rapidez y recuerda vívidamente la historia del sueño. Las pesadillas son frecuentes en la infancia y suelen aparecer entre los tres y los seis años de edad.

Los terrores nocturnos son despertares bruscos, que se inician con gritos o lloros de angustia y se acompañan de señales de intenso miedo. El niño se sienta bruscamente en la cama con expresión facial de terror. No reacciona ante los esfuerzos de sus padres para espabilarle y tranquilizarle. Si finalmente lo consiguen, está confuso y desorientado durante unos minutos. Los terrores nocturnos son mucho menos frecuentes que las pesadillas. Pueden presentarse entre los cuatro y los doce años y tienden a desparecer por sí solos en la adolescencia.

Cuando el miedo a la oscuridad no se desvanece

La mayoría de los niños supera su miedo a la oscuridad con el paso del tiempo. En algunos casos, el miedo persiste durante años, causa malestar y repercute negativamente en el funcionamiento infantil.

Leemos...

La ermita de san Antonio

Pese a sus doce años, Antonio teme la oscuridad. De pequeño se acostaba con la luz encendida. Una vez dormido, su madre la apagaba. Si se despertaba a medianoche, avisaba llorando a sus padres. Por el día solicitaba que alguien le acompañase al aseo, situado en la penumbra del final del pasillo.

Su miedo a la oscuridad limita su vida social. Se excusa ante un amigo que le invita a casa a dormir. Tampoco va de campamento ni de excursión, si exige pernoctar. Los compañeros tienen que insistir en que es una película superdivertida para que acceda a ir al cine.

Cuando descubre en el cielo negros nubarrones se pone muy nervioso. Busca corriendo en la despensa botellas vacías que le sirvan de candeleros. Inserta cirios que guarda apilados en su escritorio y los reparte por todas las dependencias domésticas. De modo que si estalla la tormenta y se produce un apagón, la casa resplandece a la luz de las velas. Su hermana y su hermano mayores le toman el pelo al verle el trajín que se trae tan pronto como caen dos gotas. «Menos mal que no vivimos en Escocia. Allí candelabros y palmatorias serían perennes», comentan en tono burlón.

¿Cómo aparece el miedo a la oscuridad?

El hecho de que el temor a la oscuridad sea tan frecuente en los primeros años de vida se debe a varias razones:

Asociación

En la oscuridad acontecen experiencias infantiles negativas. Un niño sufre pesadillas y se despierta llorando en mitad de la noche. Su madre o su padre acude corriendo y enciende la luz para comprobar qué sucede. De esta forma se establece una doble asociación.

Aprendemos...

Asociaciones que generan sentimientos opuestos

Oscuridad → Pesadillas → Miedo
Luz → Mamá/papá → Seguridad

Para que no se produzcan asociaciones indebidas es preferible que los padres tranquilicéis a vuestro hijo en penumbra sin encender la luz de la habitación.

Observación

El niño ve películas de misterio y de terror en las que los sucesos dañinos, como robos o raptos, ocurren al amparo de la oscuridad. El asesino comete sus crímenes con nocturnidad y alevosía.

Información

En los cuentos e historias infantiles se introducen elementos para aumentar el interés del niño. Uno de los más usados para ubicar acontecimientos perjudiciales es la oscuridad: «el ogro habitaba una cueva muy oscura», «los malos se escondieron de noche». Por el contrario, héroes y heroínas viven en palacios de cristal, luminosos y radiantes.

Ventajas

Los padres se sientan en la cama del niño por la noche y le entretienen. Duermen en su habitación. Le permiten que se pase a la cama de matrimonio, etc.

Pautas de acción para el miedo a la oscuridad

Los niños se enfrentan a la oscuridad cuando se acuestan a dormir por la noche. La frecuencia diaria de exposición a la oscuridad posibilita adoptar medidas para prevenir la aparición del miedo y facilita la aplicación de juegos.

El dormitorio infantil

Cuanto más agradable sea el ambiente donde duerme el niño, mayor es la probabilidad de que descanse plácidamente y no aparezcan respuestas emocionales negativas.

Luz

Conciliar el sueño implica pasar del estado de vigilia o alerta al de reposo. Para disminuir el grado de activación debemos retirar estímulos externos, como la luz. Si el niño protesta al apagarle la luz, puedes reducir progresivamente la intensidad lumínica mediante un regulador eléctrico o por medio del grado de abertura de la puerta de su habitación. También puedes enchufar un pequeño piloto que esparce una tenue luz o regalarle una atractiva linterna para que la tenga encima de la mesilla de noche. Estas ayudas se retiran sin prisa, pero sin pausa.

Ruido

Ruidos elevados o cambios bruscos de volumen interfieren en el sueño. Una persona transpuesta en el sofá después de cenar se despierta en el intermedio de la película cuando la televisión varía el ritmo y la intensidad del sonido para captar la atención del espectador antes de la publicidad.

Tampoco es conveniente que el niño se acostumbre a dormir en condiciones artificiales de silencio absoluto, de modo que cualquier ruido insignificante le despierte. Por el contrario, sones familiares y débiles tranquilizan al niño, que se sentirá acompañado. Los ruidos monótonos, como el de un programa nocturno de radio o el de un motor de coche a velocidad constante, inducen sueño. Las nanas son canciones de ritmo lento y repetitivo, como un eterno ritornelo.

Condiciones climáticas

«Mantas: prendas de abrigo con las que los niños duermen cuando sus padres tienen frío». El exceso de calor dificulta el sueño. Además, la temperatura corporal infantil suele ser más elevada. Es preferible una única manta ligera, flexible, mullida y que transpire. Una sugerencia práctica es colocar un termómetro visible en el dormitorio lejos del alcance del crío.

La temperatura recomendada oscila entre 18 °C y 20 °C y la humedad entre el 40 y el 70 %. La habitación debe estar bien ventilada a la hora de acostarse el niño.

Cunas y camas

La seguridad es muy importante. La distancia entre los barrotes de la cuna ha de ser corta para impedir que el bebé introduzca la cabeza y se asfixie. No resultan aconsejables camas demasiado estrechas o altas. Durante la noche, un niño puede cambiar de posición unas veinte veces, permaneciendo vigilante si tiene miedo a caerse. Está indicado dormir sobre una superficie dura, en un colchón de calidad y con una almohada no muy gruesa.

Decoración

Colores claros facilitan el sueño, por ejemplo el azul celeste. Los elementos decorativos, papel pintado, cuadros, cortinas... han de referirse a temas infantiles. Si no está contraindicado, como en caso de asma infantil, las alfombras amortiguan el sonido y constituyen un espacio idóneo para el juego. El mobiliario se elige en función de la edad del niño.

Rutinas para acostarse

Hay que asegurarse de que a la hora convenida para que el niño se acueste su estado sea el adecuado y no experimenta hambre, sed, empacho, cansancio excesivo, ganas de hacer pipí o evacuar. También dificultan el sueño ciertos fármacos y drogas, como la medicación estimulante prescrita a un crío hiperactivo, que no debe administrarse avanzada la tarde, y fuentes de malestar comunes en la infancia: eccema, otitis, etc. Conviene acostumbrar a nuestro hijo a seguir la misma pauta antes de dormir. Los rituales para irse a la cama promueven la adquisición de hábitos de sueño saludables y proporcionan seguridad.

Consejos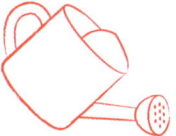

Secuencia de acciones a la hora de acostarse

1. *En el salón, en la habitación de juegos o en otras salas de la casa.*
   — Se juega con el niño entre diez y veinte minutos a una actividad sosegada: resolver rompecabezas, montar construcciones, colorear dibujos, etc.
   — Se desaconseja juegos muy movidos y excitantes: carreras a hombros, luchas a almohadazos, saltos a la pata coja, volteretas, etc.
2. *En la cocina.*
   — Si lo desea, toma un vaso de leche templada, un batido o un zumo.
   — No se recomienda bebidas con gas o que contengan excitantes, como cafeína o cacao.
3. *En el cuarto de baño.*
   — Se cepilla los dientes.
   — Se sienta en el retrete.
   — Se ducha o baña con agua caliente.
   — Se pone el pijama.
4. *En el dormitorio.*
   — Se le hace compañía durante diez minutos, se charla sobre el día, se lee un cuento, se recita una poesía, se canta una canción de cuna, etc.
   — Se disponen las medidas de seguridad: ositos de peluche, oraciones («cuatro angelitos tiene mi cama...»), etc.
   — Se despide siempre de la misma forma, por ejemplo «felices sueños», y un beso.

Esta práctica rutinaria debe realizarse con tranquilidad y persiguiendo relajar al niño.

Cuando se cuenta una historia, al llegar a puntos álgidos del argumento, se tiende a efectuar potentes inflexiones en la entonación. En el cuento de *Caperucita Roja,* el crío, que apenas escucha, con los párpados entornados, se sobresalta ante un estruendoso «de repente, el lobo feroz...», abriendo ojos de búho y pegando un bote bajo las sábanas.

El objetivo no es un relato tan ameno que produzca insomnio. Se trata más bien de aburrir al niño para que se duerma. Por tanto, lo repetiremos siempre igual, con tono cadencioso, susurrando cada vez más despacio, cada vez más débil, cada vez más monótono..., para que el sueño le venza.

Una de las dificultades que con más frecuencia plantean los críos pequeños al empezar a dormir solos en su habitación es que se alteran en el momento en que sus padres abandonan el cuarto. Una solución es mostrar una actitud serena y firme. Si el niño llora, lo acariciamos, pero no lo tomamos en brazos. Al cabo de un rato volvemos a salir, aunque no se haya dormido. El procedimiento se repite hasta que entienda que no se le va a sacar de la cuna.

Otra alternativa es efectuar la transición gradualmente, comenzando el fin de semana que disponemos de más tiempo (y paciencia…).

Consejos

La semana toledana

— Viernes: nos sentamos al lado de la cama y le acariciamos.
— Sábado: nos sentamos al lado de la cama sin acariciarle.
— Domingo: nos sentamos a un metro de la cama y susurramos.
— Lunes: nos sentamos a un metro de la cama en silencio.
— Martes: nos sentamos a dos metros de la cama.
— Miércoles: nos sentamos junto a la puerta.
— Jueves: nos sentamos en el pasillo.

Cuentos y juegos para el miedo a la oscuridad

Uno de los temores infantiles más frustrantes es el miedo a la oscuridad. El problema se plantea justo en el momento en el que los padres nos disponemos a pasar una buena noche. Agotados tras un día de trabajo duro, es muy molesto que el niño llame una docena de veces para pedir agua, pipí, etc., o se invente cualquier otra excusa para obligar a los padres a volver a la habitación y prestarle atención. Peor todavía, la última cosa que los padres desean hacer a las tres de la madrugada es levantarse y tener que abordar el problema de un niño asustado que acaba de desvelarse y no consigue dormirse de nuevo a causa del miedo. Ciertamente, es difícil de resistir la tentación de limitarse a dejar la luz encendida el resto de la noche o acostumbrar al niño a dormir con la luz encendida desde el principio de la noche. Después de todo, los niños pierden el miedo.

Aunque **la mayoría aprenden solos a tolerar la oscuridad,** desgraciadamente un pequeño porcentaje no lo supera y el miedo persiste y se agrava con el paso de los años. Hay adultos que sufren un fuerte miedo a la oscuridad que condiciona sus vidas; por ejemplo, algunos no pueden quedarse solos en casa de noche, otros no se atreven a salir a la calle por la noche. El miedo es un sentimiento muy desagradable. Es preferible hacer frente al problema cuando el niño es pequeño e impedir que empeore. **Cuanto antes se detecte el miedo y se afronte, mucho mejor para el niño.** No le hacemos ningún favor a nuestro hijo posponiendo el problema. Resulta más acertado realizar un pequeño esfuerzo y dedicar una mínima porción de tiempo a solucionar el problema ya.

Puesto que la mayoría de los miedos se adquieren o «se cogen», también se pueden eliminar o «soltar». El cuento *Tío Pies-Luminosos* consta de doce capítulos y utiliza técnicas que los psicólogos han probado que son eficaces para tratar los miedos infantiles. Estas técnicas enseñan a los niños modos de reaccionar más saludables. En el cuento se asocian actividades y cosas agradables con situaciones de oscuridad. Este proceso se realiza poco a poco. Después de escuchar el cuento varias veces, el niño comienza a aprender asociaciones positivas con la oscuridad, que hacen que esta le produzca cada vez menos miedo.

Una de las principales formas de aprender de un niño es imitando lo que hacen los demás. ¿Cuántas veces los niños copian los gestos típicos y la forma de hablar o reír de otras personas? En el cuento, el niño escucha cómo otro niño aprende a afrontar la oscuridad, pasito a pasito. Al principio de la historia el protagonista tropieza con dificultades, que supera gradualmente hasta conseguir dormir solo a oscuras por la noche.

La historia se debe contar al niño durante quince-veinte minutos como mínimo tres noches por semana, o más veces siempre que se considere necesario o el niño lo desee. Después de contar al menos dos veces la historia completa se puede comenzar a jugar. Se aconseja practicar los juegos siguiendo el orden establecido, inmediatamente después de la narración del capítulo correspondiente. Cada juego se repite como mínimo dos noches diferentes y no se debe pasar al siguiente mientras el niño no domine el juego anterior. Nunca se ha de forzar al niño durante los juegos.

Consejos

Resumen del cuento Tío Pies-Luminosos y de los juegos

Capítulo 1

Argumento: la visita a la granja

Miguel es un niño indio que tiene miedo a la oscuridad. Visita a su tío, Pies-Luminosos, que vive en una granja.
Juego: el primer capítulo es la presentación y no incluye juego.

Capítulo 2

Argumento: los animales de la granja

Miguel se divierte con los animales de la granja (el perro, las ovejas, los caballos, etc.). Pide a su tío que le ayude a superar el miedo. Tío Pies-Luminosos promete enseñarle varios juegos indios para disfrutar en la oscuridad. Esa noche juegan a que Miguel busque con los ojos vendados al perro.

Juego: el pañuelo.

El niño busca un juguete con los ojos vendados, situado en un lugar de su dormitorio que resulte fácil de encontrar. Los padres esconden el juguete en sitios cada vez más difíciles. Cuando el niño encuentra el juguete le felicitan, le sonríen, le besan, le abrazan, etc.

Capítulo 3

Argumento: de acampada

Miguel y tío Pies-Luminosos se marchan de acampada. Por la noche, su tío le adiestra para reconocer sonidos animales. Le tranquiliza enseñándole a relajarse como una marioneta. Miguel aprende a estirarse, como si los hilos de una marioneta tiraran de él hacia arriba, y luego a relajarse, como si los hilos se aflojaran. Miguel logra portarse como un indio valiente.

Juego: la marioneta.

El niño aprende a relajarse mediante tensión-distensión de los músculos de los brazos, manos, piernas y cuello.

Capítulo 4

Argumento: el rescate

Al día siguiente tienen que rescatar a un corderito. Por la noche juegan a que Miguel entre en una habitación oscura para buscar un pequeño cencerro situado en un lugar indicado. Aunque la tarea es más difícil que la de la noche anterior, Miguel consigue encontrar el camino en la oscuridad para recuperar la campanita y se siente muy orgulloso de sí mismo.

Juego: el juguete en el dormitorio.

El niño entra a la habitación a oscuras para coger un juguete de un lugar indicado. Igual que en el capítulo 2, los padres esconden el juguete en sitios cada vez más difíciles y felicitan al niño por su valor.

Capítulo 5

Argumento: día de lluvia

Amanece nublado y lluvioso. Tío Pies-Luminosos le muestra cómo hacer sombras en la pared y cómo fabricar un juguete indio. Esa noche Miguel se acuesta en la cama a oscuras y juega a identificar los sonidos animales emitidos por su tío desde la habitación contigua.

Juego: los animales amigos.

En su dormitorio, a oscuras, el niño debe adivinar el animal cuyo sonido emite la madre o el padre desde una habitación contigua. Se recomienda emplear sonidos fácilmente identificables (balidos, mugidos, maullidos, ladridos, trinos, cacareos, etc.) y evitar sonidos atemorizadores (bramidos, berridos, estufidos, etc.). Estrictamente prohibido rugir como el león de la Metro-Goldwyn-Mayer. Los padres alargan progresivamente el intervalo entre sonidos, de modo que el niño permanece a oscuras cada vez más tiempo.

Capítulo 6

Argumento: montando a caballo

Por el día montan a caballo. Cuando se va a acostar por la noche, su tío le propone comprobar cuánto tiempo aguanta tumbado en la cama a oscuras sin llamarlo. Pensando lo bien que se lo ha pasado cabalgando, relajándose como una marioneta y escuchando los sonidos de animales amigos, Miguel es capaz de permanecer a oscuras mucho rato. Se siente orgulloso por sus avances y por ser tan valiente como un indio. Está convencido de que muy pronto superará completamente su miedo a la oscuridad.

Juego: los animales en la pared.

La madre, o el padre, enseña a hacer con las manos sombras de diversos animales: pato, perro, pájaro, camello, etc. (si la destreza manual del niño es pobre, se le puede ayudar dibujando siluetas y recortándolas). Luego, el niño y uno de los padres proyectan sombras en la pared del dormitorio infantil con el haz de luz de una linterna. Nuevamente, se advierte que no utilicen sombras que asusten, por ejemplo arañas, ratas, serpientes, leones, etc.

Capítulo 7

Argumento: reconocimiento de huellas

Durante los siguientes días Miguel aprende a reconocer huellas de animales. Una noche practica una versión más difícil de un juego anterior. Debe entrar en una habitación a oscuras para buscar un juguete indio, pero esta vez su tío no le comunica el sitio donde se halla escondido. Miguel está un poco nervioso, pero consigue encontrar el juguete.

Juego: el juguete escondido en el dormitorio.

Se trata de una versión más difícil del juego del capítulo 4. Se procede de la misma forma, excepto que ahora no se le aclara el lugar de la habitación donde se ha colocado el juguete.

Capítulo 8

Argumento: el pastel indio

Al día siguiente siguen rastros de animales. Luego hacen un pastel indio. Por la noche juegan a que Miguel se siente en el suelo del dormitorio con los pies cruzados como los indios, se levante, apague la luz y se acueste sin tropezar. Tiene que concluir esta secuencia antes de que su tío, que grita desde otra habitación «¡Ya voy!», entre en el dormitorio y vuelva a encender la luz.

Juego: encender la luz de pronto.

Cuando la madre, o el padre, grita «¡Ya voy!» desde el pasillo, el niño se levanta del suelo del dormitorio, apaga la luz y se tumba en la cama antes de que su madre o padre entren en la habitación y enciendan la luz.

Capítulo 9

Argumento: la fiesta del Maíz verde

Los dos visitan a los amigos de tío Pies-Luminosos en la gran fiesta india del Maíz verde. Miguel se hace amigo de un niño indio que le regala un arco. Por la noche cae rendido y duerme en una habitación completamente a oscuras.

Juego: la marioneta.

Se repite el juego de relajación del capítulo 3.

Capítulo 10

Argumento: el perro juguetón

A la mañana siguiente Miguel se siente orgulloso de haber dormido en una habitación con la luz apagada. Esa noche escucha al perro realizando sonidos extraños. Miguel avanza a oscuras por la casa encendiendo las luces a su paso. Descubre al perro con la cabeza encajada en un paquete de cereales.

Juego: buscar la caja de los ruidos.

El juego comienza con la casa totalmente a oscuras, el niño tumbado en su cama y la madre o el padre en otra habitación. El padre, que participa en el juego, agita un paquete de cereales para hacer ruido (puede servir cualquier otro objeto, como un sonajero o el táper de los garbanzos). El niño busca a su madre o padre por la casa encendiendo las luces a su paso. Los padres aumentan progresivamente el tiempo de espera antes de hacer ruido de nuevo, de modo que al niño le cuesta cada vez más encontrarles.

Capítulo 11

Argumento: el amiguito indio

Al día siguiente Miguel juega con su amiguito indio. Por la noche tiene una pesadilla, pero se relaja y piensa en cosas agradables.

Juego: la marioneta completa.

Se amplía la relajación incluyendo brazos, piernas, cara, frente, cuello y hombros, estómago y dedos de los pies. Los padres deben ayudar al niño cuando tiene pesadillas por medio de la relajación y de imágenes o pensamientos agradables.

Capítulo 12

Argumento: la vuelta a casa

La visita llega a su final. Miguel recibe como regalo un traje y un collar indios. Tío Pies-Luminosos lo proclama guerrero por su gran valentía al vencer el miedo a la oscuridad. Miguel regresa a su casa contento y orgulloso para enseñar las nuevas habilidades a un amigo suyo que tiene miedo a la oscuridad.

Juego: el último capítulo es la conclusión y tampoco incluye juego.

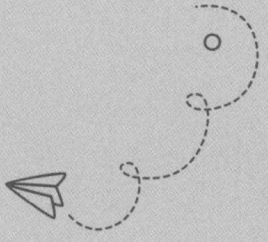

5

¿Cómo actuar en el miedo a la separación y en el miedo al colegio?

Qué hacer

- ☑ Sonríele y acaríciale cuando le bañes o le cambies los pañales.
- ☑ Déjalo en compañía de otros familiares cada vez más tiempo.
- ☑ Edúcalo para que aprenda a hacer las cosas sin necesidad de ayuda constante.
- ☑ Colabora estrechamente con el colegio de tu hijo.
- ☑ Prepárale a afrontar la muerte de un ser querido o de la mascota.

Qué no hacer

- ☒ No te opongas a que los familiares y amigos lo acunen.
- ☒ No eternices las despedidas.
- ☒ No hagas por tu hijo lo que él es capaz de hacer por sí solo.
- ☒ No le saques las castañas del fuego.
- ☒ No le soluciones los problemas, enséñele a resolverlos.

Miedo a la separación

Durante la crianza, los cachorros permanecen junto a sus progenitores para recibir cuidados básicos: alimentación, calor, protección frente a ataques de depredadores, aprendizaje de habilidades de camuflaje o caza, etc. Este mecanismo es beneficioso para la supervivencia de los animales, ya que la soledad los convierte en presas fáciles con riesgo de perecer.

El miedo a la separación de las personas con las que el niño está afectivamente unido, los padres, especialmente la madre, **es uno de los temores más consolidados** en la especie humana. Es frecuente de uno a seis años, sobre todo a los dos y tres años, edades en las que alrededor de un tercio de los niños se resiste a separarse de sus padres. En el 4% de los casos **este miedo no desaparece con el paso del tiempo, sino que se agrava y constituye un trastorno denominado ansiedad por separación.**

Separaciones forzosas

La respuesta infantil es diferente dependiendo de quién inicia la separación. El niño no muestra signos de miedo cuando se aleja porque alguna cosa atrae su curiosidad o para jugar. Si la separación se realiza contra su voluntad, manifiesta señales de intenso temor, aunque permanezcamos en su campo de visión, y busca ansiosamente el contacto.

Durante la infancia se producen separaciones forzadas por diversas circunstancias:

Escolarización

Al acudir por primera vez a una escuela infantil, nuestro hijo se enfrenta a cambios drásticos en su estilo de vida. Viajar desde el confortable ambiente hogareño, donde es centro de atención familiar, a la guardería, que exige relacionarse con adultos y con otros niños que no conoce, es como aterrizar súbitamente en un planeta extraño de una lejana galaxia. Ya que las grandes aventuras y exploraciones no son vocación de la mayoría de los preescolares, su respuesta inmediata es rehuir al educador y aferrarse a la madre o al padre como tabla de salvación.

La reacción de ajuste a la nueva situación es natural. Se debilita y desaparece en pocos minutos. El párvulo se integra rápidamente y participa en actividades lúdicas con compañeros. En días sucesivos se puede repetir este comportamiento, aunque cada vez más con menos fuerza, antes de extinguirse por completo en una o dos semanas.

Hospitalización

El efecto es más negativo cuando ingresa un niño, que ha de afrontar estresores propios de la situación hospitalaria, como procedimientos médicos dolorosos y atemorizantes. Depende también de la enfermedad que haya motivado la hospitalización, del régimen de visitas de la clínica, de la atención sanitaria que reciba, de las experiencias anteriores, etc.

Divorcio

La ruptura de la unión de la pareja trae la pérdida de la convivencia habitual con el progenitor que abandona el domicilio familiar. Resulta complejo valorar el impacto de la marcha de uno de los padres al margen de las alteraciones en la rutina diaria que lleva consigo el divorcio. Así, por ejemplo, en ocasiones la separación implica que por motivos económicos empiece a trabajar el progenitor que habitualmente permanecía en el hogar, lo que acarrea inconvenientes para el niño: madrugar para coger el autobús escolar, cuando antes le llevaba su padre en el coche, comer en el colegio en vez de en casa, vestir ropa más barata en lugar de prendas de marca, etc.

Muerte

El fallecimiento de uno de los padres afecta más a los niños mayores que a los pequeños, que no comprenden todavía el hecho de que la muerte es irreversible. Tras el suceso suelen manifestar comportamiento retraído, trastornos del sueño y dificultades en el colegio.

Componentes del miedo a la separación

El miedo a la separación es un conjunto de respuestas de los sistemas cognitivo, psicofisiológico y motor que presenta el niño cuando se encuentra alejado del hogar o de las personas a las que está vinculado.

En separaciones prolongadas, los niños atraviesan tres fases:

1. *Desaprobación:* conductas activas de protesta, gritar, llorar, buscar a los padres.
2. *Desesperanza:* comportamiento pasivo, tristeza y retraimiento.
3. *Desapego:* desinterés, indiferencia, como si hubiera olvidado a los padres.

Aprendemos...

Reacciones propias del trastorno de ansiedad por separación

Sistema cognitivo	Sistema psicofisiológico	Sistema motor
Preocupación excesiva	**Malestar excesivo**	**Oposición excesiva**
• Por la posibilidad de perder a los padres (muerte, divorcio). • Porque sus padres sufran algún daño (accidentes, enfermedades). • Por separación brusca (secuestro, extravío) o definitiva de sus padres. • Por el regreso al hogar y el reencuentro con sus padres.	• Dolores de cabeza, de estómago, náuseas, vómitos. • En los niños mayores, además, palpitaciones, vértigos, sensaciones de desmayo. • Pesadillas (destrucción de la familia por incendio, asesinato, etc.). • Nostalgia y desasosiego (se sienten desgraciados fuera de casa).	• A permanecer fuera del hogar (escuela, casa de un amigo, campamentos, excursiones, etc.). • A quedarse solo en casa (se convierte en la sombra de su madre) o ir solo fuera de casa (recados). • A dormir solo en su habitación (se traslada al dormitorio de sus padres, a la cama del hermano). • A no tener contacto con los padres (les telefonea constantemente).

Miedo a separarse, ¿del niño o de los padres?

Nuestro comportamiento como padres ante las conductas de autonomía del niño es fundamental para la evolución del miedo a la separación. **Los padres con ansiedad al separarse de su hijo pueden contagiarle el miedo.** En un estudio con niños con ansiedad ante la separación, tres de cada cinco madres presentaban también ansiedad.

Leemos...

Mater angustiata

Principios de septiembre. Alejandro, de tres años, vive su primera jornada de guardería. Su madre le despide con efusión. El nene, contento con su chándal recién estrenado, entra decidido. Sorpresivamente, mamá se abalanza sobre él y lo cubre de besos. La educadora, comprensiva, les separa amablemente. «Venga, para adentro, que es la hora».

Alejandro se dirige, sin tanto entusiasmo, con otros compañeros al jardín. Se gira al escuchar un repiqueteo nervioso en el ventanal. «Jandruchi, Jandruchi, abrígate bien, que hace mucho frío». Obedece, cierra la cremallera hasta el tope, a pesar de que el sol luce con todo su esplendor. Sonrisa materna de circunstancias mal disimulada. Alejandro duda. Se encamina hacia el interior flaqueándole el ánimo. Nuevo golpeteo ansioso de nudillos. «Acuérdate de comer las galletitas, cariño, que estás muy delgado y necesitas alimentarte». Faz lívida de madre angustiada. Alejandro rompe a llorar. Corre gritando «mi mamá, mi mamá». Del otro lado de la cristalera se oye «hijo mío, hijo mío».

A partir de aquel día, por orden de la directora, se puso un termo con tila a disposición de los padres que deseasen degustar, sin límite de tazas, tan sabrosa infusión caliente.

¿Cómo surge el miedo a la separación?

Las crías de chimpancés, macacos y otros monos se asustan al ser separadas de sus madres por la fuerza. Se agitan, lloran, buscan desesperadamente la manera de restablecer el contacto, dejan de jugar o explorar. Al reunirse de nuevo con su madre la abrazan ansiosamente. Este temor puede perdurar años. No es sorprendente que el miedo a la separación sea uno de los más firmemente establecidos en la especie humana.

Además de tomar en consideración la predisposición biológica, se desarrolla miedo a la separación por:

Déficit de aprendizaje

El niño no es expuesto gradualmente a pequeñas separaciones normales, de manera que no se acostumbra a estar sin sus padres. En algunos casos, la razón de esta deficiencia infantil es un exceso de protección paterna. **El trastorno de ansiedad por separación es más frecuente en niños de familias sobreprotectoras y encerradas en su círculo íntimo.**

Experiencias traumáticas

Algunos niños han vivido **separaciones forzosas,** como la muerte de un ser querido, el divorcio de los padres o la propia hospitalización por enfermedad grave, que les ha trastornado profundamente. A raíz de este acontecimiento son más vulnerables a reaccionar ansiosamente ante separaciones cotidianas.

Potenciación del apego

La búsqueda de contacto y otras conductas de dependencia infantil son reforzadas sutil o abiertamente por los padres. Por otro lado, si el niño es medroso, tiende a buscar nuestra protección, que, al obtenerla, le tranquiliza.

Estos mecanismos pueden intervenir conjuntamente. Unos padres se preocupan exageradamente por su hijo y lo sobreprotegen. El niño desarrolla un comportamiento muy dependiente de sus progenitores, quienes, a su vez, refuerzan este patrón de conducta. El mutuo desasosiego explica que el niño se separe de sus padres en ocasiones muy raras. De pronto se presenta la necesidad de una separación, como el inicio de la escolarización, y el niño la vive traumáticamente, desarrollando un acentuado miedo a la separación.

Como padres hemos de cuestionarnos la sobreprotección, una pauta educativa errónea, equivalente a la trampa *pan para hoy, hambre para mañana.* Aunque a corto plazo es halagador un niño zalamero que adora a sus papás, a largo plazo resulta problemático, ya que un objetivo básico de la educación es criar niños sanos y competentes, que se valgan por sí mismos y no necesiten continuamente cuidados y ayudas de los adultos.

Pautas de acción para el miedo a la separación

La protección de los padres es una pauta adaptada para el bebé, que no puede desenvolverse por sí solo. A medida que el niño se desarrolla, adquiere nuevas habilidades y necesita menos nuestra ayuda. Inicialmente, para desplazarse, necesita la colaboración de otra persona. En torno al año aprende a andar y es capaz de ir de un lado para otro. Poco a poco rechaza la antigua comodidad del cochecito de paseo y prefiere correr libremente detrás de las palomas del parque. Este afán independiente culmina en la adolescencia. Algunos padres se asustan cuando, tras una bronca, el quinceañero espeta «soy un incomprendido, el día menos pensado me marcho de casa», rubricando la advertencia con un sonoro portazo. Años después comprueban cuán infundados eran sus temores, puesto que no existe el menor atisbo de que el veinteañero vaya a cumplir su amenaza de abandonar el nido familiar.

Uno de los objetivos fundamentales del desarrollo es conseguir que el niño funcione autónomamente sin la supervisión constante de los padres. Cuando se comenta que un estudiante es responsable, se refiere a que termina las tareas escolares, por la satisfacción del deber cumplido o por el remordimiento de las obligaciones pendientes, sin necesidad de recordárselo continuamente, en vez de estudiar solo si se le promete un premio, se le amenaza con un castigo o se está encima de él vigilando para que complete las tareas.

Fomentar la autonomía personal

Favorecer que se maneje por sí solo y simultáneamente irle retirando apoyos innecesarios constituye uno de los aspectos más arduos de la educación. La dependencia es una trampa tentadora. A veces preferimos peinar y vestir al niño, a invertir el esfuerzo de enseñarle, esperar a que lo haga y rectificar sus errores de principiante. La cuestión es que algunos críos se dejan querer a costa de sus ganas de aprender.

Una táctica para prevenir la ansiedad por separación es fomentar la autonomía infantil desde el principio. **Una pauta sobreprotectora perjudica al niño, aunque tranquilice a los padres.**

Leemos...

¡Hasta luego, Mari Carmen!

Viernes por la tarde. Mari Carmen, de seis años, hija única, merienda en casa de su primo Lucas, que celebra su séptimo cumpleaños. Ambos han disfrutado la fiesta jugando con regalos, repitiendo tarta de chocolate, viendo dibujos animados. Anochece y llega el momento de la marcha. Mari Carmen, animada por su primo, solicita permiso para quedarse a dormir. Se desencadena un ten con ten entre ambas mamás.

—¡Claro, cariño, que te puedes quedar con el primo! —exclama su tía encantada con la idea.

—Pero, Mari Carmen, si no te has traído ropa ni nada —objeta su madre, serio el semblante.

—No te preocupes, tengo de todo —resuelve su tía.

—No sé, no sé —dudas maternas—. Tú verás, Mari Carmen, pero mañana tienes que madrugar para... (sigue interminable enumeración de inconvenientes). Piénsatelo bien y lo que tú digas, hija.

Mari Carmen se vuelve hacia Lucas y decide:

—¿Sabes, primo?, que digo que mejor otro día.

Cinco años después. Los padres de Mari Carmen han aprobado con nota un curso de baile de salón y están deseosos de exhibirse en la pista, pero la niña se niega a dormir fuera de casa. *¿Sorprendente, no?*

La autonomía personal se promueve aumentando la competencia del niño mediante el aprendizaje de habilidades de coordinación motora, comprensión lectora, relaciones sociales, etc., y reforzando su comportamiento independiente, curiosidad intelectual, responsabilidad e iniciativa personal.

Consejos

Cómo enseñar a un niño nuevas conductas

1. Escoge el momento oportuno

Empieza tan pronto como creas que el niño es capaz de realizar algo por sí mismo. Considera que aprender cualquier cosa requiere tiempo y paciencia. Si decides enseñarle a comer utilizando los cubiertos, es preferible ensayar un fin de semana, cuando ambos estáis relajados y no existen prisas por concluir y llegar puntual al colegio.

2. Prepara la situación

No le vistas con su ropa más preciada. No le sientes encima de la alfombra persa, ni sobre la mesa de caoba cubana herencia de la abuela. Ponle un babero enorme o una prenda que esté para lavar. Utiliza platos y cubiertos de plástico de tamaño apropiado. Elimina cualquier distracción del ambiente, como juguetes o televisión.

3. Divide la tarea en pequeños pasos

Comienza por una tarea sencilla, por ejemplo comer con cuchara el puré que más le gusta a tu hijo. Enséñale a coger correctamente la cuchara, a tomar comida del plato y a llevársela a la boca. Luego, prueba con alimentos más complicados, como la sopa, que es más fácil de derramar. Después, continúa con el tenedor y con el cuchillo.

4. Explícale cómo se hace

Siéntate a su misma altura enfrente de él. Descríbele con precisión la nueva conducta: «mira, se coge con esta mano, por el mango, de esta forma...».

5. Demuéstrale cómo se hace

Al mismo tiempo que le das instrucciones, realiza la acción para que te vea. Recuerda el aforismo «una imagen vale más que mil palabras». Repite las explicaciones y demostraciones hasta que las haya comprendido.

6. Déjale practicar a él

A continuación, entrégale la cuchara. Sigue dándole explicaciones y supervisa la forma como lo hace. Colócale los dedos en la posición apropiada si él no lo consigue. Guía con tu mano el movimiento de la cuchara desde el plato a la boca. Afloja gradualmente la presión de tu mano en sucesivas cucharadas hasta liberar completamente la mano de tu hijo.

7. Resalta sus aciertos

Alaba sus logros al practicar. Sonríele y anímale: «eso es, has cogido muy bien la cuchara», «eres muy mayor, no se te cae la comida».

8. Corrige sus errores

No le riñas. Limítate a rectificar cuando haga algo mal. Dile amablemente «mira, debes acercarte más el plato». Estate mentalizado para accidentes imprevistos. Si, por ejemplo, se le resbala la cuchara sin querer y salpica manchando la mesa, quítale importancia al incidente. Se limpia y se prosigue como si nada hubiera sucedido.

Los niños poseen enorme facilidad para nuevos aprendizajes, como saltar desde el trampolín o hablar una segunda lengua, de forma que el procedimiento anterior se simplifica en muchas ocasiones. Esta plasticidad infantil a veces pone en evidencia la menor ductilidad de los mayores. El padre se debe atener a las consecuencias, una presumible goleada, si reta al niño a jugar un partido de fútbol con la última versión del videojuego *Locos por el fútbol*.

Intervenir en el miedo a la separación

Pretendemos disminuir la dependencia excesiva del niño hacia sus padres. Por tanto, el enfoque general es procurar que otras personas se relacionen estrechamente y cuiden al niño. Si el crío se cae jugando en presencia de sus tíos, los padres se abstienen de consolar a su hijo y delegan esta función en los familiares, pese a la insistencia del pequeño.

Una táctica complementaria es promover breves separaciones, como quedarse un ratito jugando con la abuelita mientras mamá va a un recado. Paulatinamente, se amplía el círculo de personas y la importancia de las separaciones, como, por ejemplo, dormir en casa de un amigo.

Consejos

Programa para el miedo a la separación

1. **Dosificación**

    La llevamos a cabo sobre las siguientes bases:

    a) *Distancias de separación* de la persona querida cada vez mayores.
    b) *Tiempos de separación* cada vez más prolongados.
    c) *Señales de seguridad,* como comprobaciones de la presencia de la persona querida, cada vez menores (consúltese el caso Romeo y Julieta del capítulo 3).

2. **Antídotos**

    Los estados emocionales placenteros derivados de la relajación, el juego, la risa, etc., sirven para combatir el miedo. Si a un niño le apasiona la música y se emociona escuchando las canciones de un grupo musical, se utiliza una lista de reproducción con las novedades de su artista preferido.

3. **Práctica**

    Se practica diariamente de acuerdo con el plan trazado. El niño escucha la música deseada con unos auriculares mientras permanece separado de su madre durante el tiempo que corresponda. Cada día las metas son más altas.

4. **Reforzamiento**

    Las separaciones son elogiadas con entusiasmo y recompensadas con privilegios especiales, como un postre apetecible. También se pueden usar puntos de valor.

Miedo al colegio

El niño pasa la mayor parte del día en el colegio. Entra por la mañana, a las nueve, muchos almuerzan en el comedor escolar y salen por la tarde, a las cinco. **El colegio es primordial para el desarrollo infantil.** Resulta un sitio maravilloso, en el que se aprende y se juega con los amigos. **Pero también es un lugar de trabajo, donde ocurren experiencias negativas** como equivocarse delante de la clase o recibir llamadas de atención en público.

¿Qué cosas asustan del colegio?

Según un estudio realizado con cerca de ocho mil escolares de tres a dieciocho años, prácticamente la mitad reconoce que le causa muchísimo miedo repetir curso y uno de cada cinco experimenta miedo muy intenso a cambiar de colegio.

Aprendemos...

Miedos escolares más intensos

Orden	Test de miedos escolares	Porcentaje
1.º	Repetir curso.	49 %
2.º	Ser enviado al director o al jefe de estudios.	34 %
3.º	Ser sorprendido copiando en un examen.	33 %
4.º	Sacar malas notas.	32 %
5.º	Ser avisados los padres por el personal del colegio.	31 %
6.º	Suspender un examen.	27 %
7.º	Cambiar de colegio.	21 %

Cuando un estudiante suspende constantemente se recomienda adoptar alguna de esas alternativas para comprobar si mejora su rendimiento académico. A la vista de los resultados del citado estudio, estas decisiones son contraproducentes para bastantes niños, al repercutir negativamente en su ajuste escolar. Por tanto, se debe ser prudente y valorar no solo aspectos relativos al aprendizaje escolar, sino también factores emocionales y sociales. Del mismo modo, si un escolar tiene problemas en su clase, antes que sugerir el cambio de centro se puede probar el cambio de aula, por ejemplo de 2.A a 2.B.

Miedo al colegio, género y edad

Las niñas superan a los niños en el miedo al colegio en todas las edades. Se constata un fenómeno curioso. En líneas generales, los miedos escolares se acrecientan con la edad, al contrario de lo que sucede con los miedos infantiles, probablemente debido al nivel de exigencia creciente del sistema educativo. Los alumnos de edades correspondientes a educación infantil temen la escuela menos que los alumnos de primaria, y estos menos que los de ESO.

Tipos de miedos escolares

El miedo al colegio varía a lo largo de la etapa escolar, educación infantil, primaria y secundaria. **La situación más temida por los escolares es repetir curso, mientras que los preescolares temen más ser enviados al director.** No obstante, existen cuatro clases de miedos escolares comunes en todos los niveles educativos.

Miedo al fracaso escolar y al castigo

Este grupo de miedos es específico del contexto escolar. Incluye miedos relacionados con pobre rendimiento académico, como sacar malas notas, y con abusos de los compañeros o sanciones de la autoridad escolar, como ser avisados los padres por el personal del colegio.

137

Miedo al malestar físico

Constituye el denominado *miedo al miedo,* o sea, temor a sufrir las molestias propias de las reacciones de miedo, como dolor de estómago o de cabeza en el colegio.

Miedo social

Se refiere a múltiples actividades escolares como leer en voz alta, tocar la flauta o saltar el plinto, que se realizan en público y que al niño le da vergüenza o corte.

Miedo anticipatorio

Es el miedo que se siente en los momentos precedentes a la estancia en la escuela, como ir andando al colegio.

¿Cómo reaccionan los escolares con miedo?

Se niegan a ir a la escuela: «al cole, ¡NO!, al cole, ¡NO!», «no voy». Se quejan de dolores y enfermedades: «no me encuentro bien», «tengo fiebre». Se conducen de forma negativa y rebelde, no se lavan, no desayunan, esconden la cartera, manchan el uniforme.

Si se les obliga a ir al colegio, regresan a casa en algún punto del trayecto, no asisten a clase, se esconden en los vestuarios o en los aseos, se escapan de la escuela.

Si los padres los llevan a la fuerza, lloran, gritan, tartamudean, se agarran a ellos, piden volver a casa. Si por presión social permanecen en la escuela, su comportamiento es muy disruptivo, por ejemplo rabietas, o muy pasivo, no hablan, no juegan, no trabajan.

Presentan síntomas como palmas de las manos húmedas o pegajosas, tensión y rigidez muscular, taquicardia, sensaciones de mareo o desmayo, náuseas, vómitos, diarrea, urgencia urinaria. También padecen dolores de cabeza, de estómago, alteraciones de la conducta alimentaria y del sueño...

Anticipan consecuencias desfavorables: que se van a reír los compañeros o que el profesor les va a reñir. Evalúan negativamente sus propias capacidades y la situación, piensan que les preguntan la lección y no saben contestar o que el examen es dificilísimo. Se preocupan por sus reacciones psicofisiológicas: vomitar delante de la clase o tener ganas de orinar y que les denieguen el permiso. Rumian la manera de escaparse del colegio.

Miedo al colegio y a la separación

La asistencia al colegio supone el alejamiento de los seres queridos durante horas, por lo que numerosos niños con miedo a la separación se niegan a ir a la escuela. En otros casos la actitud firme de los padres consigue que las protestas infantiles se diluyan y que el crío se acostumbre a acudir a la escuela normalmente.

De la misma forma, uno de los motivos para temer el colegio es la separación. No obstante, **los niños con miedo al colegio temen más el fracaso escolar, suspender, repetir curso o sufrir acoso, que el no estar con los padres.**

Es decir, bastantes niños con miedo a la separación se niegan a ir al colegio, mientras que muchos menos niños con miedo al colegio aducen como base de su temor la ausencia de sus padres. Unos psicólogos norteamericanos compararon los miedos al colegio y a la separación. Encontraron mayor proporción de problemas psicológicos en los niños y en las madres del segundo grupo. Este dato sugiere que el miedo a la separación es más grave que el miedo al colegio.

Miedo al colegio y absentismo escolar

Hay niños que faltan a clase por miedo. Un alumno de primer curso de primaria se queja de que le duele la barriga y se niega a ir al colegio. Teme que sus compañeros se rían y se burlen. Ayer se equivocó al leer en voz alta: «supo aceite y vinagre en la ensalada de tomate y escalera». Carcajada estruendosa. El profesor le riñó, enfadado por el alboroto: «fíjate bien, Casimiro». Corrigió: «*puso* aceite y vinagre en la ensalada de tomate y *escarola*». Las dificultades en el aprendizaje de la lectura, o dislexia, y el consiguiente miedo al ridículo explican el rechazo escolar de Casimiro.

En cambio, algunos malos estudiantes se ausentan de la escuela porque les resulta muy aburrida.

¿Por qué aparece el miedo al colegio?

A diferencia de miedos como la oscuridad, donde la conducta del niño es pasiva y el objetivo se limita a que permanezca tranquilo en esa situación, el colegio plantea muchas y variadas exigencias: rendimiento académico satisfactorio, comportamiento disciplinado en el aula, relaciones sociales con nuevos compañeros, etc., de forma que un desempeño escolar inadecuado repercute negativamente en la adaptación y el ajuste emocional del niño.

Problemas en la escuela

Los disgustos en el colegio originan temores escolares. Un niño se niega a ir a la escuela porque un día se le escapó la orina y desde entonces le apodan «Simeone» y «Ptolomeo». Otro niño rechaza el colegio porque es víctima de los abusos de un compañero «matón». También es posible que el estudiante no sufra una experiencia negativa en carne propia, pero que observe o conozca situaciones desagradables, como escuchar la severa reprimenda del profesor a un compañero o ser advertido del elevado índice de dificultad de los exámenes.

Aprendemos...

Diferencias entre el miedo al colegio y el absentismo escolar

El niño con fobia escolar	El niño con absentismo escolar
• Siente miedo muy intenso cuando va al colegio y en determinadas situaciones escolares: salir a la pizarra, saltar los aparatos de gimnasia, etc.	• Se aburre en clase porque no comprende las explicaciones, no tiene ganas de trabajar, etc., pero no experimenta miedo.
• Se niega a ir a la escuela, se queja de dolores de cabeza y de barriga, se opone a los argumentos de sus padres para convencerle, etc.	• No se resiste a ir a la escuela, sino que finge que acude con normalidad, incluso contento.
• Si se marcha del colegio, regresa a su casa, de modo que sus padres saben dónde está su hijo durante el horario escolar.	• Cuando se escapa del colegio se queda por la calle o se va al campo, de forma que sus padres se enteran por terceros de las faltas a clase.
• Antes de desencadenarse la fobia escolar, la pauta de trabajo escolar suele ser satisfactoria, atiende en clase, termina las tareas, etc.	• Antes de empezar a ausentarse de la escuela, la pauta de trabajo escolar suele ser pobre, se distrae en clase, no entrega las tareas, etc.
• Con anterioridad a la aparición de la fobia escolar, el comportamiento del niño en el colegio suele ser correcto, obedece a sus profesores, no se pelea, etc.	• Previamente suele observarse indisciplina, desafíos a la autoridad, pequeños robos, agresiones a compañeros, etc.
• Problemas que pueden presentarse asociados con otros trastornos de ansiedad y depresión.	• Problemas que pueden presentarse asociados son conducta antisocial (actos vandálicos, gamberrismo, etc.) y predelincuencia.

Acontecimientos vitales

La probabilidad de aparición de miedos escolares aumenta en circunstancias estresantes, como el cambio de colegio, que exige la adaptación a una nueva situación, una enfermedad prolongada del escolar, que complica la reincorporación, problemas familiares, que agravan la ansiedad del niño cuando está lejos de casa, etc.

Dificultades del escolar

Ciertas características personales, como un defecto físico o una dificultad en el aprendizaje, generan rechazo escolar. Estudios realizados para analizar la posible estigmatización de los niños obesos revelan que el nivel de aceptación por parte de sus compañeros es menor que el de los niños con alguna discapacidad. También se producen casos de miedo al colegio debidos al fracaso en el aprendizaje de la lectura, escritura o cálculo.

Ventajas de no ir al colegio

Si el escolar no asiste a clase, evita circunstancias negativas, como dolores de cabeza, deberes escolares o la obligación de madrugar, y consigue otras ventajas, como que sus padres estén pendientes de él, quedarse en casa viendo la televisión, etc.

Pautas de acción para el miedo al colegio

En los casos de inasistencia escolar el objetivo fundamental es conseguir que el niño vuelva a la escuela lo antes posible. Cuanto más tiempo esté sin ir a clase, más costará su regreso. Después de una gripe, varicela, paperas, indigestión, etc., se hace el remolón, repite que no está curado aún, se queja de que le duele la cabeza o la barriga. Si los padres consienten en que se quede en casa, confiando que al día siguiente no protestará e irá contento al colegio, se llevan una desagradable sorpresa. A pesar de haberse recobrado por completo, las lamentaciones infantiles no disminuyen, se intensifican.

Una de las dificultades mayores del miedo al colegio es restablecer la asistencia escolar, porque choca con la fuerte resistencia del niño. ¿Cómo obviar este inconveniente? Diseñando un plan coordinado entre la escuela y el hogar.

Acuerdo entre niño, padres y maestros

Es posible que las preocupaciones de los afectados por el problema no coincidan plenamente. Mientras que el niño está pendiente de lo que les va a contar a sus amigos cuando le pregunten qué le ha ocurrido, el profesor se centra en la recuperación del retraso.

Leemos...

¡Tierra trágame!

Luisito, de siete años, acaba de pasar el sarampión. Entretanto guardaba cama recibió numerosas visitas, especialmente la de su abuela, que le regaló un juguete precioso. Al final, cuando ya se encontraba mejor, comió croquetas, leyó cuentos, vio la televisión y realizó otras muchas actividades divertidas. Se recuperó totalmente durante el fin de semana.

Lunes. Ocho y media de la mañana. Los padres consiguen, tras agrias discusiones y enfados, que acceda a ir a la escuela. Nueve en punto. Luisito entra al aula deseando pasar inadvertido. La maestra, nada más verlo, para animarle, exclama: «hombre, otra vez tú por aquí, estupendo». Sus compañeros se giran hacia él y le miran con curiosidad. Luisito nota que se ha puesto más rojo que un tomate. Se lo dice un calor que le sube por la cara y le quema las orejas. Muy apurado, balbucea, no acierta a articular sonido inteligible. En ese instante querría que la tierra se lo tragase (a su «seño» también, pero por diferente motivo). Para acabar de arreglarlo, la profesora le entrega un montón de tareas atrasadas. «Ponte a hacer todos esos copiados. Avísame cuando termines para que te dé más».

Martes. Nueve menos cuarto. El psicólogo les había comentado que el primer día es el peor. Los padres no aciertan a explicarse, pues, el porqué del tremendo berrinche que se ha agarrado Luisito hoy.

Todo el mundo coincide en que el escolar tiene que ir al colegio. Incluso el niño lo reconoce en su fuero interno, aunque no se avenga a razones por causa de su miedo. Sin embargo, él está más preocupado por el desasosiego que experimenta y por las relaciones con sus compañeros que por sacar buenas notas, al revés que los adultos.

El programa de actuación conjuga los intereses de las partes implicadas. La asistencia a la escuela es innegociable, pero la forma de volver al colegio se discute entre todos. Lógicamente, el nivel de participación del niño en el acuerdo depende de su edad.

¿Hasta dónde hay que insistir?

Cuanto más brusco sea el retorno al colegio, mayor malestar experimenta el niño. Padres y maestros desean la reincorporación inmediata a la escuela. En cambio, el protagonista prefiere tomárselo con calma. El conflicto de prioridades plantea el siguiente dilema: ¿se aplica la regla del pasito a pasito u otra rápida fundada en el principio de golpe y porrazo? Es decir, ¿se utiliza dosificación como en el resto de los miedos infantiles o no?

Ambas alternativas presentan ventajas e inconvenientes. En la primera, la satisfacción del niño y, por extensión, de sus padres es mayor, pero la intervención se alarga excesivamente, con lo que se acumula más retraso escolar. En la segunda, se restaura más aprisa la normalidad, pero el niño colabora menos y los padres, si observan que su hijo lo pasa muy mal al presionarle, pueden ceder.

Es un equilibrio inestable, porque se contraponen dos aspectos importantes. A mayor bienestar infantil, mejoría más lenta, y viceversa. Por esta razón, se suele tantear mediante ensayo y error, conforme a este criterio: se intenta la vuelta al colegio en un tiempo breve; si la prueba falla o si ni siquiera se inicia por la oposición frontal del escolar, entonces se escalona el retorno.

Leemos...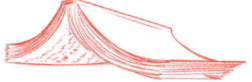

Pánico en el internado

Daniel, de 15 años, estudia 4.º de ESO en un internado. Durante el año pasado, un grupito de compañeros, «unos indeseables» según la madre, se habían metido con él en el instituto, de modo que el propio chaval pidió el cambio de centro docente y «cuanto más lejos, mejor». No obstante, tuvo la mala pata de coincidir con uno de los «matones» del curso anterior. Llevaba dos semanas y media sin asistir a clase debido a fuertes dolores de cabeza e insomnio. Los resultados de los análisis y del escáner revelaron que gozaba de buena salud.

Tras las vacaciones de Navidad, Daniel rechazó acudir a clase. Terminó cediendo ante la actitud firme de su padre. Ambos viajaron en silencio hasta llegar a las afueras de la localidad donde estaba emplazado el internado, momento en que rogó a su padre que detuviera el coche, descendió y vomitó. Luego regresaron a casa. En los días siguientes los padres intentaron con insistencia convencerle para que fuera a clase, pero Daniel se negó en redondo a regresar al internado.

Para lograr su colaboración, el psicólogo le propone volver al centro docente de forma gradual:

Lunes. Daniel y el psicólogo se trasladarán al colegio después del inicio de las clases. Darán varias vueltas a la manzana, aparcando el coche a unos doscientos metros de la entrada principal. La primera hora de estancia en el internado la dedicarán a visitar detenidamente sus dependencias, despachos, dormitorios, comedores, campos de deporte, etc. Luego el psicólogo se entrevistará con el tutor. Mientras tanto, Daniel podrá hacer lo que quiera, excepto abandonar el colegio.

Martes. Daniel asistirá a las clases de la mañana. Miércoles. Asistirá a las clases de la mañana y de la tarde.

Jueves. Asistirá a todas las clases y se quedará a dormir en el internado. En estos tres días los profesores le permitirán salir de clase siempre que lo desee, pero con la obligación de permanecer en el centro.

Viernes. Asistirá a todas las clases sin posibilidad de abandonar el aula.

El psicólogo decide que la reincorporación de Daniel se efectúe progresivamente a lo largo de una semana, a la vista del fracaso en el intento realizado por el padre. En cambio, en los casos en que el miedo infantil es leve o moderado se procura instaurar la asistencia en un único día. Si se tiene éxito, se ahorra pérdida de clases.

A cualquier niño con miedo al colegio que se le pregunte si prefiere regresar a clase de inmediato o más pausadamente, elegirá sin dudarlo la segunda posibilidad, mucho más cómoda para él. Pero se pierde un tiempo muy valioso. La norma es que la vuelta al colegio se realice tan rápido como sea posible y tan gradual como sea necesario. El planteamiento es de arriba para abajo y no al contrario. Se comienza proponiendo el máximo, es decir, el ritmo más veloz que se estime tolerable. Si los resultados no son positivos, se amplía el período de reincorporación paulatinamente hasta alcanzar el objetivo.

Camino del colegio

Tras una ausencia escolar, sobre todo si ha sido prolongada, el día del regreso a clase es crítico. Hay que preparar esa jornada y las siguientes con sumo cuidado, porque su balance final influye notablemente en la resolución del miedo. El niño debe ir al colegio acompañado por una persona. El acompañante ideal es quien habitualmente realiza esa labor, por lo común la madre o el padre. Si no es posible por razones de trabajo o por otros motivos, se aconseja otro familiar que mantenga una buena relación con el niño: abuelos, tíos, padrinos. No es recomendable un hermano, salvo si ya es mayor, por ejemplo el primogénito, que acaba de iniciar estudios universitarios. Si ningún miembro de la familia está disponible por incompatibilidad horaria o por no juzgarlo oportuno, se solicita la ayuda del tutor o de otro profesor dispuesto a colaborar. Se acuerda con él la hora y el lugar para el acompañamiento, procurando, dentro de lo posible, las condiciones más ventajosas para el educador. Otra posibilidad es el psicólogo escolar en aquellos colegios que cuentan con los servicios de este profesional.

Cuando nadie del entorno próximo, familiar o escolar, puede desempeñar esta misión, y en casos difíciles, se recurre al psicólogo clínico responsable del tratamiento. Pero, en principio, es mejor reservar a este experto para otros cometidos terapéuticos o para cuando falle el acompañamiento previsto.

Una táctica acertada es utilizar dos acompañantes, uno adulto, que dirija y controle la situación, y otro infantil, amigo del niño, que disfrute yendo al colegio, para que desempeñe el papel de modelo valiente y le anime. Si el niño con fobia escolar muestra una conducta altamente disruptiva, se agarra fuertemente a una farola, se arroja al suelo berreando, agrede al acompañante, etc., se sugiere la presencia de dos acompañantes adultos, como ambos padres.

Saldremos de casa con más tiempo del ordinario. La tarea del acompañante es hacer que el trayecto resulte lo más agradable posible. Con sus palabras y con su comportamiento le indica al niño su disposición de alcanzar la meta fijada y de no retroceder ante los obstáculos. El acompañante adapta su actuación a las reacciones del niño:

a) Si exhibe una conducta cooperadora, por ejemplo efectúa un comentario positivo sobre el colegio, se muestra sumamente amable, le sonríe, le besa, le ofrece una chuchería, etc.

b) Si presenta conductas problemáticas, quejas de dolores, protestas, amenazas, llanto, pataletas, etc., ignora estas acciones y finge no enterarse.

Consejos

Sugerencias para el acompañante

Acciones recomendadas:

1. Emparejaremos escenas agradables con situaciones escolares: una excursión con el colegio, un campeonato deportivo ganado con la selección escolar, una fiesta con compañeros, etc.

2. Suscitaremos emociones positivas, como alegría, cariño u orgullo, en el niño, que se contrapongan a su miedo, rememorando instantes felices: la cabalgata de Reyes Magos, una visita al zoológico, una jornada en la feria o en un parque acuático, etc.

3. Emplearemos el humor: recordando películas de risa, contando chistes, relatando anécdotas graciosas, etc.

4. Propondremos juegos: adivinanzas, veo-veo, concursos como acertar el color del próximo coche, palabras que empiecen por «a», por ejemplo «amoto», etc.

5. Entonaremos melodías infantiles: cantar juntos villancicos, tararear un estribillo y que el niño lo continúe, etc.

6. Narraremos historietas: cuentos, como El *sastrecillo valiente,* aventuras en las que intervienen héroes, etc.

7. Utilizaremos la comida: llevaremos alimentos favoritos del niño, particularmente golosinas de pequeño tamaño, como palomitas, pasas, frutos secos, y le daremos una cada vez que gane un juego, acierte una adivinanza, etc.

Acciones desaconsejadas:

1. Ridiculizarle: no resulta adecuado tomar el pelo, gastar bromas que pongan en evidencia al niño, llamarle cobarde, etc.

2. Reñirle: las reprimendas verbales son ineficaces y, a veces, consiguen el efecto opuesto, al prestarle indebidamente atención al miedo.

3. Castigarle: el castigo físico, como propinar un azote o un pescozón, está totalmente contraindicado.

4. Moralizar: discursos sobre el valor y ejemplos moralizantes, como «yo de pequeño iba contento al colegio», ponen en bandeja respuestas del tipo «pues ve tú, si tanto te gusta», «todo para ti, te lo regalo entero».

5. Persuadirlo: el miedo es emocional, no racional; pretender convencer o razonar no es útil, es inefectivo el recurso a la importancia de la escuela para el día de mañana.

6. Hablar sobre el problema: durante el recorrido es contraproducente formular preguntas: «¿por qué no quieres ir al colegio?», «¿cómo te encuentras?».

Una precaución importante. Antes de decidir llevar al niño al colegio planificaremos cuidadosamente la situación, graduando el itinerario, relajándole, etc., de modo que el riesgo de fracaso sea mínimo. Si a pesar de los preparativos, el comportamiento infantil durante el recorrido es negativo y rebelde, conviene enseñar procedimientos de autocontrol al acompañante, como respiraciones pausadas y profundas, frases tranquilizadoras, como «mantén la calma», «esto es pasajero», «estoy ejecutando bien lo que hemos acordado con el psicólogo», para aumentar su confianza y autodominio.

En el aula

El recibimiento en el colegio es fundamental. El objetivo del primer día de clase después de un período de inasistencia es que el alumno se sienta lo más a gusto posible en el aula. El profesor le acogerá con cariño. Le saludará al verle entrar. No le interrogará acerca de las razones de su ausencia, ni mencionará el problema, a menos que el niño lo comente. Al revés. Aparentará que no ha sucedido nada. Disimulará como si el niño hubiera asistido a clase ininterrumpidamente. No le reñirá por llegar tarde o por no terminar las tareas. Le permitirá que elija la actividad más agradable para él.

En los días sucesivos elaborará un programa para promover y fortalecer cualquier avance del niño por pequeño que sea. Este plan consiste en:

a) Seleccionar las conductas escolares del niño que se pretenden consolidar: llegar puntual, atender a las explicaciones, copiar un texto, leer un párrafo, estudiar un tema, presentarse voluntario a dar la lección, conversar con los compañeros, jugar en el recreo, etc.

b) Escoger cosas positivas, que se le entregarán al niño. Es muy práctico utilizar conjuntos o colecciones, como un estuche con veinticuatro lápices de colores, goma de borrar, sacapuntas, regla, etc., que posibilitan numerosas entregas. Para aumentar su aliciente, las actividades en el aula no se presentan como una obligación, sino como un privilegio. Repartir láminas resulta aburrido, o muy motivador si el profesor las sortea y las adjudica como un honor especial. De forma similar, para incrementar su interés, se emplean objetos que le gusten al niño y que no tenga. Un juego de rotuladores fluorescentes es más apetecido por un escolar que carece de ellos que por otro que dispone de abundantes.

c) Aplicar el programa, felicitando al niño por su conducta escolar y proporcionándole algo positivo. «Muy bien, Alicia, has acabado las divisiones. ¡Estupendo! (palmaditas en la espalda). Te has ganado una pintura. Escoge el color que más te guste».

Consejos

Cosas positivas para potenciar el trabajo escolar

Muestras de cariño y aprobación	Actividades escolares amenas y privilegios	Materiales escolares atractivos
«Rubén, has hecho muy bien el dictado.»	Encargarse del material escolar.	Ceras.
«Tu idea es fantástica, Rosa.»	Borrar la pizarra.	Plumieres.
Sonreír.	Dibujar.	Carpetas.
Guiñar un ojo.	Colorear.	Mochilas.
Apretones de manos.	Moldear con plastilina.	Juguetes educativos: rompecabezas, etc.
Asentir con la cabeza.	Recortar.	Recortables.
Hablarle cariñosamente al oído.	Leer un cuento.	Mapas.
Elogios en público.	Escribir la fecha en la pizarra.	Agendas.
Exhibición de un trabajo en el mural de la clase.	Repartir los cuadernos.	Calculadoras.
	Recoger los trabajos escolares.	Microscopio.
Aplausos.	Resolver pasatiempos: crucigramas, etc.	Telescopio.
Un «bien» escrito en el cuaderno.	Salir al recreo.	Colección de minerales.
Buenas calificaciones.	Ponerse el primero de la fila.	Vestimenta deportiva.
Aproximarse físicamente.	Ir a la biblioteca.	Calzado deportivo.
Escucharle atentamente.		

Una advertencia. **En la intervención psicológica no hay que ofrecer más ayudas de las necesarias.** Todos los apoyos que se introducen artificialmente hay que retirarlos al finalizar. **Otorgar más facilidades de las requeridas resulta incluso perjudicial.**

Pitagorín goza resolviendo ecuaciones de segundo grado. El profesor y sus padres determinan regalarle chocolatinas por solucionar problemas de matemáticas. A partir de entonces, Pitagorín no coge un lápiz si antes no le dan un dulce. El premio ha generado un efecto pernicioso. Una actividad que se realizaba por puro placer, al concederle una recompensa innecesaria, pierde su atractivo. Sin perseguirlo, han desmotivado a Pitagorín.

El niño con miedo al colegio no disfruta en la escuela. Al contrario, se siente mal a causa de su temor. Por este motivo está recomendado un programa como el descrito, pero, **a medida que supere su miedo y empiece a divertirse con sus amigos y con las actividades de clase, el plan debe quitarse poco a poco** para evitar que se repita la historia de Pitagorín.

Cambio de actitud en casa

Un niño con miedo al colegio, que permanezca en casa en vez de ir a la escuela, holgazanea en la cama, desayuna sin prisas, disfruta de tiempo libre, ve más tiempo la televisión, está exento de obligaciones escolares como deberes o exámenes. Además, los padres, preocupados por sus dolores de cabeza y de estómago, por su pérdida de apetito y de sueño, le dedican mimos y cuidados especiales, cocinan sus platos favoritos, pasan más rato juntos, visitan médicos.

Desde el punto de vista del niño, el miedo al colegio rinde cuantiosos beneficios, que se pierden si supera el miedo. Hay que invertir este estado de cuentas. **Quedarse en casa debe cambiar el signo del saldo, de positivo a negativo. Es decir, el nivel de exigencia ha de ser superior al**

del colegio, madrugar más, estudiar más, jugar menos. Conviene actuar en equipo con la escuela. Se solicita a los profesores que proporcionen los trabajos y que corrijan los deberes. Complementariamente, en algunos casos se recomienda la impartición de clases particulares o el tratamiento de problemas de aprendizaje escolar, como la dislexia.

Prevención de recaídas

Existe el riesgo de que el niño viva en el colegio otra experiencia negativa o que se tope con nuevas dificultades que hagan que le coja miedo otra vez.

Para prevenir las recaídas es aconsejable que después de concluir la intervención se mantengan contactos periódicos con el psicólogo que trató al niño, por ejemplo una visita trimestral durante el curso, y siempre que sucedan interrupciones bruscas o largas de la escolaridad, como la vuelta de un puente o de las vacaciones, el inicio del curso o el alta médica de una hepatitis.

Lecturas recomendadas

Psicocuentos

Esta colección ofrece pautas de actuación para educar y afrontar las dificultades propias de la infancia: problemas con las comidas, pesadillas, desobediencia, rabietas, mentiras, peleas, etc. Cada título consta de un *cuaderno para los padres,* con información avalada por la investigación y la experiencia profesional además de consejos prácticos sobre qué hacer o no hacer en el día a día, y de un *cuento para el niño,* con atractivas ilustraciones y actividades, que ayudan a enfocar las emociones de manera positiva y divertida, a resolver las preocupaciones y a superar los miedos; en definitiva, a hacer frente a los retos de crecer, desarrollarse y hacerse mayor.

Un libro que guía:

Orgilés, M. (2016). *El miedo a la oscuridad.* Pirámide[1].

Un cuento que ayuda:

Gavino, A. (2016). *Alex en una misión secreta.* Pirámide.

Un libro que guía:

Méndez, X. y Pascual, M. (2016). *Mamitis y papitis. ¡Mamá, no te vayas!* Pirámide.

---

[1] Otro libro interesante de la misma autora es: Orgilés, M. (2014). *Tratando… fobia a la oscuridad en la infancia y adolescencia.* Pirámide.

Un cuento que ayuda:

Pascual, M. (2016). *Llamadme Manuel, por favor.* Pirámide.

Un libro que guía:

Montoya, I. y Postigo, S. (2019). *Educación emocional.* Pirámide.

Un cuento que ayuda:

Montoya, I. y Postigo, S. (2019). *La familia Dragón y la Montaña de las Emociones.* Pirámide.

Guías para padres y madres

El progreso plantea nuevos desafíos a la vida familiar. El antiguo rol de cabeza de familia se ha difuminado y hoy es más complejo el reparto de papeles en el hogar. El tiempo dedicado por los padres a conversar, amena y distendidamente, con los hijos se ha reducido ante el avance implacable de la telefonía móvil, de las redes sociales o de los chats en Internet. Del mismo modo que los nuevos tiempos exigen adaptarnos a los avances tecnológicos o al cambio climático, hemos de encontrar nuevas formas de ser padres. «Guías para padres y madres» enseña a conjugar sabiamente el cariño con la exigencia, a querer a los hijos al mismo tiempo que se establecen límites de conducta; con otras palabras, a ser padres responsables y afectuosos.

Cerezo, M. A. (2019). *Si los bebés hablaran: Su asombroso mundo emocional.* Pirámide.

Fodor, E. y Morán, M. (2011). *Todo un mundo de emociones: La misteriosa vida emocional del bebé.* Pirámide.

Méndez, F. X., Orgilés, M. y Espada, J. P. (2010). *Cómo dar alas a los hijos para que vuelen solos: El niño sombra de sus padres.* Pirámide.

Ojos Solares

Son libros de bolsillo, escritos con estilo sencillo y ameno, aunque sin renunciar al valor científico, sobre el desarrollo infantil y juvenil, y sobre el conocimiento y el tratamiento de los problemas más comunes de niños y adolescentes. Cuentan con un elenco de autores, que reúnen la doble condición de poseer experiencia profesional y capacidad de comunicación para exponer con claridad los avances y los logros obtenidos en los temas abordados.

Echeburúa, E. y De Corral, P. (2022). *Trastornos de ansiedad en la infancia y adolescencia.* Pirámide.

Gonzálvez, C., Inglés, C. J. y García-Fernández, J. M. (2018). *¡No quiero ir al colegio! El niño que rechaza la escuela.* Pirámide.

Méndez, F. X. (2022). *Miedos y temores en la infancia: Ayudar a los niños a superarlos.* Pirámide.

Méndez, F. X., Espada, J. P. y Orgilés, M. (2022). *Ansiedad por separación: Psicopatología, evaluación y tratamiento.* Pirámide.

Olivares, J. (2010). *El niño con miedo a hablar.* Pirámide.

Qué puedo hacer...

Estas guías infantiles ayudan a los niños a superar, con el apoyo de sus padres, distintos problemas psicológicos: miedos, ansiedad, negativismo, ira, terrores nocturnos, obsesiones, etc., por medio del aprendizaje de las técnicas cognitivo-conductuales. Utilizan un lenguaje adaptado a los niños, ilustraciones atractivas y variadas actividades pedagógicas.

Freeland, C. A. B. y Toner, J. B. (2017). *Qué puedo hacer cuando me da miedo equivocarme: Un libro para ayudar a las niñas y niños a perder el miedo a cometer errores.* TEA.

Huebner, D. (2009). *Qué puedo hacer cuando me da miedo irme a la cama: Un libro para ayudar a los niños a superar sus problemas para dormir.* TEA.

Lavallee, K. y Schneider, S. (2021). *Qué puedo hacer cuando no quiero separarme: Un libro para ayudar a los niños y niñas a superar la ansiedad por separación.* TEA.